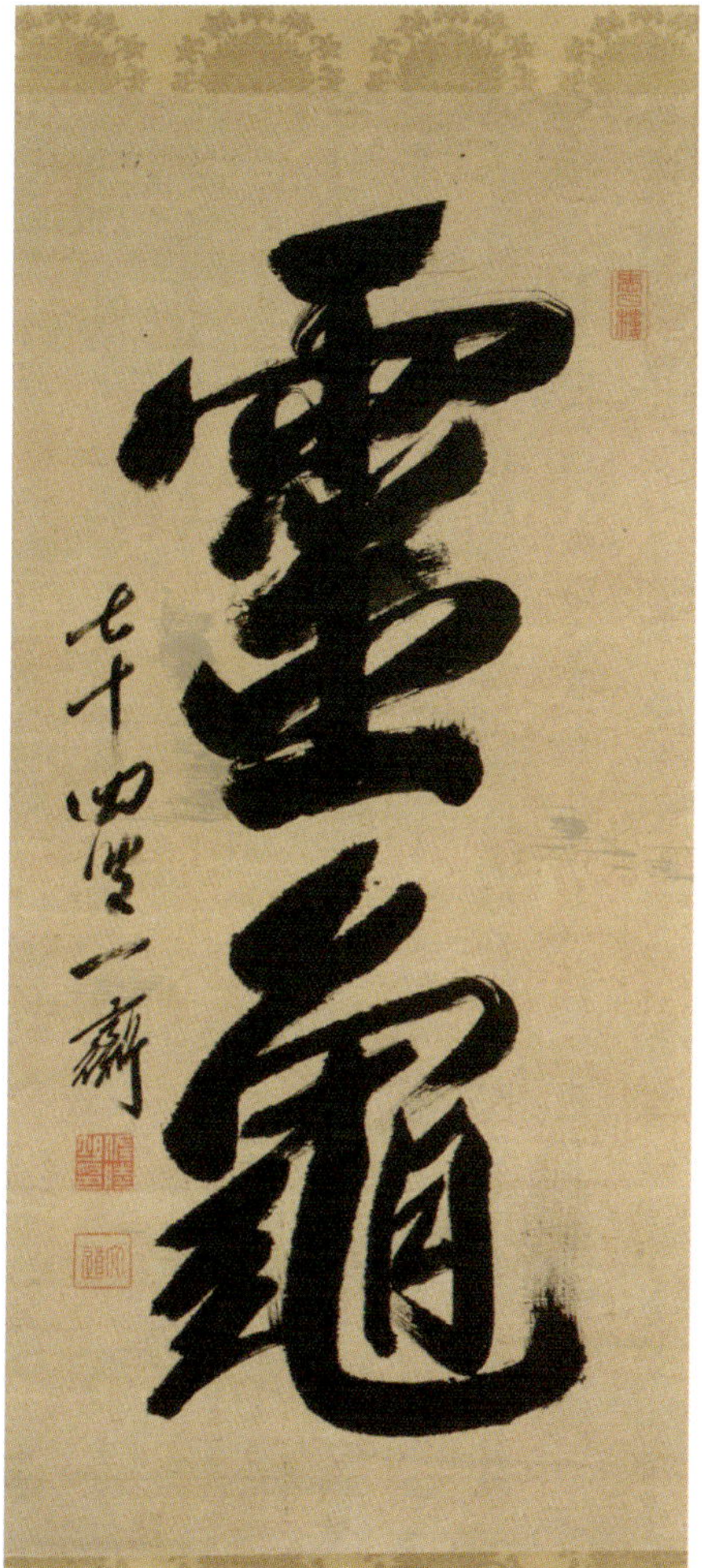

佐藤一斎筆「霊亀二大字」

（東京国立博物館蔵）

したので、ご覧ください。

なお、話題にしたものの中に補正した方が良いと思われるものについて、後に＊の印のもとに少し書き加えたものがあります。参考にしてください。

はじめに

歴史を変革する〝志〟の書『言志四録』

「志立たざれば、舵《かじ》なき船轡《くつわ》なき馬の如し」——と先人は言葉を残したが、まさに至言であろう。「志」なきところに明日への展望は開けない。顧みて、二十一世紀を目前に控えた我々の社会もまた、一寸先も見えない「舵なき船」のような時代を迎えている。我々は今こそ「志」をもたねばならぬ。かつてわが国にも現在と同じ様相を呈した時代があった。明治維新である。この時代を大変革させた志士たちの原動力となった一つに『言志四録』がある。変革期における人間の処し方について書かれたこの語録集の精神は、今なお時代を超え、珠玉の言葉として生き続けているのではあるまいか——。ここに『言志四録』を特集するゆえんである。

＊この文は、雑誌『默』の編集部が、本書の導入として冠したものである。なお、冒頭の「先人は」というのは、王陽明であり、この言は、王陽明の「龍場の諸生に示す教条」にある言葉である。

言志四録を読む　上◆目　次◆

目次

目　次

言志四録に学ぶ　上

今こそ日本人に志の灯を

「志」がない現代の若者

文部省唱歌『ふるさと』は、戦後もずっと歌い続けられてきていたが、最近はあまり耳にしないように感じられる。それどころか「兎追いしかの山、小鮒釣りしかの川」を兎が美味しいと解されたという笑話がある。それならその先にある「つつがなしや友がき」などは何と解されるかと想像するだけでも恐ろしいほどだが、この歌の最後の連に「志をはたして、いつの日にか帰らん、山は青き故郷、水は清き故郷」とある。志を果たして故郷に帰る、それは錦をかざして帰るのが夢なのであろう。

今の若者を見る時、この志を立てることが忘れられているのではないだろうか。先日、新聞の家庭欄に、今の結婚適齢期の男性について女性から次のような発言が載っていた。

「結婚するなら尊敬できる男」……それなのに「どこをみても優しいが物足りず、自己主張しない夢のない男たちばかり」と多くの未婚女性がそう嘆いた（『朝日新聞』一九九二年十月十日「結婚する？　しない？」）とあった。

いい人でも尊敬の対象にならない。何故なら自己主張や夢がないからという。それはつまり志がないからである。これは何も若者だけのことではあるまい。現代の日本人皆に言えるのかもしれない。あまりにも豊かに飽食する時代であるからか、与えられてばかりで求めるものがないからであろうか。

もう一つ『仰げば尊し』を出してみたい。「仰げば尊し、我が師の恩、教えの庭にもはや幾とせ」、これも卒業式で歌われなくなってきた。この第二連に「身を立て、名をあげ、やよはげめよ」とある。ここにも志を立てて、身を立てて名を挙げる、そのためにさあ努力しようと言うわけである。このような考え方は現在の教育界では否定されているのであろう。現在の小中学校の教育界を見ると、落ちこぼれのないようにと一所懸命努力している。そしてとにかく皆一定のレベルまで保つ教育をする。

その結果、教育の普及度は世界に冠たるものがある。それはそれで大いに評価されてよい。しかしその代償として、能力のある者への手当てがなされないことになってしまった。

したがって、これだけ教育のレベルが高いのに、数学オリンピックでは二流国に甘んじている。底辺の学力を揃えることに努力するため、基準の学力に達しないと落第となる。しかし学力が基準を凌いでも上へ飛び級はできない。優れた者は押えつけられるという平等教育をしていることになる。

平等教育のジレンマ

人間は平等であることは確かだが、能力は千差万別であり、その能力を開花させるのが、志を果たすことにもつながると思う。そうするのが個性を伸ばすことでもある。今の教育界で個性を伸ばす教育をしようという主張はよくなされている。しかしそれでいて平等教育である。何故なら、個性を伸ばすために子供は自由にのびのびとさせようということになるが、それが勝手気まま、そしてそれがズボラや怠慢へつながり、結果的に学力の低下を招くからのようである。

大学でも個性を伸ばすためにと、選択科目の数を増やし、学生の好みや目的に応じた科目で対応しようとする。その結果、学生は単位取得に楽な科目に片寄ってしまい、初期の目標とは別の方向へ行ってしまうのである。彼ら学生は志を持たずに、偏差値で割りふられて大学に入ったものが多いからである。したがって、やはり必修の厳しい科目が増えてこざるを得ないし、そうしないと実力はつかず、学力は低下するばかりなのである。よほどの志を持たない限り、人間は楽な方に流されるのである。

話をもとに戻して、教師も教師になる時は、志を立て仕事に燃えていたことと思う。それが「仰げば尊し我が師の恩」と歌われると、「私はそんなに偉くありません、尊くありません」と恥ずかしがって遠慮するが、そのうちに謙遜の皮を被って中身の堕落を覆うようになってくる人もいる。そしてそのような教師こそが傲慢な教師になるみたいである。こういう謙遜の皮を脱いで、中身の充実した真の教育者になるよう、尊敬に値する教師になるよう「やよはげめよ(いよいよ励みなさい)」でなければならないのである。このことは何も教育者だけのことではない、上に立って指導的役割を果たす人は皆然りであり、そうあってほしいのである。

佐藤一斎と『言志四録』

さて、ここで、志を立てることを標榜した本に『言志四録』という本がある。江戸後期の儒者佐藤一斎《いっさい》が、四十二歳の年の文化十年（一八一三）五月二十六日から書き出したもので、文政六年までの十年間、日頃の思いや志を記したものが『言志録』である。引き続いて『言志後録』『言志晩録』『言志耋録《てつろく》』と嘉永四年（一八五一）五月に出版するまで書きつがれたもので、四種あるのをまとめて『言志四録』と言うのである。

佐藤一斎、名は坦《たいら》、字は大道、号が一斎で、美濃国（岐阜県）の岩村藩の家老の息子として、安永元年（一七七二）に江戸の藩邸で生まれた。一斎は藩主の第三子松平衡《たいら》と親しく交わり、衡を学問上の先輩として切磋し、後に師としてその門に入っている。

衡は後、林家の養子となり、林述斎として昌平坂学問所（昌平黌）の儒官となって幕府の教学行政に尽力している。一斎も天保十一年、七十歳の高齢になってから幕府の儒官として登用され、昌平黌で教鞭をとり、安政六年（一八五九）八十八歳で昌平黌の官舎で亡くなるまで儒官として後進を指導した。当時の人生五十年という通念からすると、一斎の公的活動は驚嘆に値する年齢である。

一斎は、当時の学問をする者の通例のように朱子学から入っていくが、一方若い時から陽明学にも心を寄せており、「余、少《わか》きより好んで王文成の書を読む」（『言志餘録』〈『佐藤一斎全集』第十一巻所収〉）と回想している。一斎は林述斎との関係、また自分が幕府の儒官となるということからもわかるように、官学である朱子学を標榜しているものの、門戸を狭く限ることなく、朱子学から陸象山の学、そして陽明学に到るまでを摂取し、特に朱子学末流の弊害を救うため、陸象山、王陽明の学を斟酌援用すると『言志餘録』には述べている。こういう立場が、江戸末期に近くなって時代が大きく変貌しようとする時において、有用な人材を養うのに役立ったと言えよう。

何のために世に生まれたか

一斎は「学は立志より要なるはなし。しかして立志もまたこれを強ふるにあらず、ただ本心の好む所に従ふのみ」（『言志録』六）と言う。志を立てることは重要であるが、その志は他から強いられて立てるものでなく、その人の本心の好みに従うべきだという自由な立場を主張する。そして、この「立志の功は、恥を知るを以て要と為す」(同、七)と言う。これを現代人に当てて考えるなら、志を立てることも知らず、まして志を果たしても、恥を知らぬ人になっている人がいるのは何とも残念至極である。

特に現今、新聞などマスコミを賑わしている政財界における腐敗を考える時、この「立志の功は、恥を知ることを以て要と為す」という言葉は心に重く響くはずである。少なくとも政財界のトップに立つような人は、大志を抱いて世の中に出、今日の地位を営営と築いてきたはずである。そして高い地位に至るまでは、「性分の本然を尽くして、職分の当然を務む、此《か》くの如きのみ」(同、八)という言葉を、つまり自分の本然の性をことごとく発揮して、自分のやらねばならぬ仕事に打ち込み実践したはずである。

そのような人に、真の志があるなら「志有るの士は利刃の如し。百邪も僻易《へきえき》す。志無きの人は鈍刀の如し。童蒙も侮翫《ぶがん》す」(同、三三)と言うように、もろもろの邪悪なこともおのずから退散したであろう。ところがそうならないのは何故か。そのことについて一斎は次のように言う。「人は須《すべか》らく自ら省察すべし。天何の故にか我が身を生み出し、我をして果たして何用にか供せしむる」(同、一〇)と。人は自分自身よく反省し、自分について洞察しなければならない。そして何のためにこの世に生まれてきたか、そしてこの世の中に何の役に立てるかを考えなければいけないと言う。今日風に言えば自分の使命感を自覚し、自分の存在理由を明確にして努力することであろうか。

この文に引き続いて「我すでに天物なれば、必ず天役あり。天役共せずんば天咎《てんきゅう》必ず至らん。省察して此に到れば、則ち我が身の苟《かりそめ》に生くべからざるを知らん」と述べ、生まれてきたからには天命があり、つまり生まれてきた使命があり、それをやり遂げなかったら天罰が下るだろう。だからいい加減な生き方をしてはいけない、自分の天命を全うすべく真剣に生きろと言っている。こういう生き方をすれば邪悪なことは入りこむ余地はないのである。

『言志四録』を好んだ西郷隆盛

幕末維新の英雄西郷隆盛は、一斎の『言志四録』を好んで、自ら百一条を手抄して『南洲手抄言志録』というものを残している。その第二条に「凡そ事を作すには、須らく天に事《つか》ふるの心あるを要すべし。人に示すの念あるを要せず」（『言志録』三）を採っている。

ここで述べる事は『南洲遺訓』の第一条「廟堂に立ちて大政を為すは天道を行ふものな

れば、些《いささか》とも私を挟《さしはさ》みては済まぬものなり。いかにも心を公平に操《あやつ》り、正道を踏み、広く賢人を選挙し、能くその職に任ふる人を挙げて政柄を執らしむるは、即ち天意なり」という言葉と符号するのである。つまり何事をなすにも天に仕える心、即ち私心、利己心、自我欲の心を入れない公平の心で行う事なのである。

また第二十五条にも「人を相手にせず、天を相手にせよ。天を相手にして、己を尽くして人を咎めず、我が誠の足らざるを尋ぬべし」と同じ主旨の言葉がある。これらを集約したのが西郷の「敬天愛人」の四字である。『遺訓』の第二十一条で「道は天地自然の道なるゆえ、講学の道は敬天愛人を目的とし、身を修するに克己を以て終始せよ」という。そして「己を愛するは善からぬことの第一なり。修業の出来ぬも、事の成らぬも、過ちを改むることの出来ぬも、功に伐《ほこ》り驕慢《きょうまん》の生ずるも、皆自ら愛するが為なれば、決して己を愛せぬものなり」（『遺訓』二六）と言い、「命もいらず、名もいらず、官位も金もいらぬ人は、仕末に困るものなり。この仕末に困る人ならでは、艱難を共にして国家の大業は成し得られぬなり」（同、三〇）という。西郷のこの言葉は、現代の金や地位に汲汲としている人にとっては頂門の一針である。

「志」を欠く読書は暇つぶし

志を立てて学問をすることについて、一斎は「緊《きび》しく此の志を立ててこれを求むれば、薪を搬《はこ》び水を運ぶと雖も、またこれ学の在る所なり。況んや書を読み理を窮むるをや。志の立たざれば、終日読書に従事すともまた閑事なるのみ。故に学を為すは志を立つるより尚《たっと》きはなし」(『言志録』三二)という。志を立てていれば薪や水を運搬するような日常茶飯事の中にも学ぶものはある。まして、書物を読む中では、素晴らしいものが学べるとするのである。しかし志を立てていなければ、終日机にかじりついて読んでも、それは暇つぶしにすぎないと言う。

したがって、次のようにも言う。「学は自得を貴ぶ。人徒《いたず》らに目を以って字有るの書を読む。故に字に局《かぎ》られて通透するを得ず。当に心を以て字無き書を読むべし。すなはち洞して修得するところ有らん」(『言志後録』一三八)と述べて、書物の字面の上からの知識を修得するだけでなく、心でもって書物の内面からも捉え、それを自得、体得することの重要性を説くのである。

したがって、「学を為すの緊要は心の一字に在り……」（『言志晩録』一）とも言い、「徒らに聞見を貪《むさぼ》るのみならば則ち或は傲を長じ非を飾らんことを恐る」（『言志耋録』一四）と言って、ただ見聞することの多さ、博学を目的とするようでは、その知識の量の多さを競い、それによって傲慢さが増長していくようになることが問題だと言う。これは今日の教育の問題となっていることでもある。

時代にマッチした「志」を

一斎は学問をするのに重要なものとして「憤」の字を主張している。この憤について一斎は「憤の一字、これ進学の機関なり。舜《しゅん》何人ぞや、予《わ》れ何人ぞや、とは方《まさ》にこれ憤なり」（『言志録』五）と言い、「憤りを発して食を忘る、志気かくの如し」（『言志晩録』九）とあり、これらもともに『南洲手抄言志録』に採られている。

この憤は、学問に対する発憤であり、気力である。これが志を立てて、学問をするのに必要とするもので、現代の学生にも必要とするものであることは確かである。

幕末、尊皇攘夷を奉じた僧月性は、「人間到る処青山有り」という句で有名であるが、この詩は、「男児志を立てて郷関を出づ。学若し成らずんば死しても還らじ。骨を埋むるは豈に惟だ墳墓の地のみならんや。人間、到る処青山有り。」(『清狂遺稿』上)というもので、昔、志を立てて郷里を出る時に口ずさんだものである。

現在の若者にこのような気概があるだろうか。あってほしいものである。昔から「青雲の志」「凌霄《りょうしょう》の志」とか「鴻鵠《こうこく》の志」と言うように、大きい志を抱くという夢があった。札幌農学校のクラーク博士も「青年よ大志を抱け」と言った。

現在、日本はあまりにも豊かになり、それにつれて夢を抱かなくなってきた。それは現状に満足しているのか、それとも多忙の中で夢を抱く暇がないのか、そうではなくてシラケているのか。あと数年で二十一世紀に入る。あらゆる面で日本も、そして世界も転機の時である。そこで新しい人生観を模索し、その中で新しく時代にマッチした志を立てることが求められているのではないか。

*この文は雑誌『黙』のプレ創刊号に掲載したもの。「下巻　あとがき」参照

〔佐藤一斎家系図〕

高祖 佐藤信広 ― 曾祖 広義（1665―1741）号 周軒 ― 祖父 信全《のぶたけ》（?―1763）― 父 信由《のぶより》（1733―1814）号 文永

― 信行（後に坦）（1772―1859）号 一斎

― 三男 梘（1822―1885）号 立軒

― 八女 紳 ＝ 河田 興（1806―1859）号 妯斎

〔大学頭系図〕（数字は代数）

1 林羅山―2 鵞峰―3 鳳岡―4 榴岡―5 鳳谷―6 鳳潭―7 錦峰―8 述斎（名は衡）（1768―1841）―9 檉宇―10 壮軒―11 復斎―12 学斎

〔学統系図〕

林 述斎
- 佐藤一斎
  - 〈朱子学〉
    - 大橋訥庵
  - 〈陽明学〉
    - 佐久間象山―吉田松陰
    - 山田方谷―河井継之助
    - 春日潜庵
    - 西郷南洲
- 松崎慊堂

1

天に与えられた役割を知れ

「精神的に向上心のないものは馬鹿だ」私は二度同じ言葉を繰り返しました。そうして其の言葉がKの上に何う影響するかを見詰めていました。「馬鹿だ」とやがてKが答えました。「僕は馬鹿だ」、Kはぴたりと其所へ立ち留ったまま動きません。

これは夏目漱石の『こころ』の一節である。主人公の先生が、お嬢さんを独占したいがために友人のKにダメージを与えようと吐いた言葉なのだが、今の学生に、いや若い人に、「精神的に向上心のないものは馬鹿だ」と言ったらどう響くだろうか。

私達は何のためにこの世に生を受けたのだろうか、人生とは何か、などと青春期には煩悶する。そして何とかして自分を向上させようと悩むのである。しかし年とともに忙しさにかまけて、いつの間にかそういう事を考えるのを忘れてしまっているのである。そこで佐藤一斎の次の言葉を味読してみよう。

人は須《すべか》らく自ら省察すべし。天何の故にか我が身を生み出し、我れをして果して何の用にか供せしむると。我既に天物なれば、必ず天役《やく》有り。天役共せずんば、天咎《きゅう》必ず至らむ。省察して此に到れば、則ち我が身の苟《かりそめ》に生くべからざるを知らん。

（『言志録』一〇）

と述べる。最初に自分を省察しなければいけないと言う。省察がわかりにくければ反省し洞察すると言っても良いだろう。つまり自分のことを繰り返し反省して、自分がどういう人間か、何をしにこの世に生まれてきたのか、そしてこの世の中のために何が出来るかを考えなければいけないと言う。そのためにはまず自分をよく知らなければならない。そして自分は他の人とどう異なるか、自分の個性、能力等を考えて、自分が人間として如何にあるべきか、このように考えることの中に、『こころ』に言う精神的向上心も入っているのである。

ところが今の世の中は豊かなので、特別に何をしようとか、しなければならないなどと自分から考える必要もなく、ただ与えられた仕事なり、勉強なりを漫然とこなしているだけで一応済まされるのである。そこには自分からしようという主体性が乏しいのである。例えば学生に、「君、今何が欲しいかね」と質問すると、「ええと、まあ一応お金でしょうかね」と答える。具体的に何か品物の名前を期待していると当てがはずれる。「お金があれば欲しいものは何でも買えますからね」とくる。なるほどそうだ。しかしそこには、今せっぱつまって欲しいものはないのである。とりあえず必要な品物は一応揃って持っているのである。バブルがはじけて不況と言ってもやはり豊かなのだ。食べ物についても同様、似たりよったりだ。目下空腹でない、飢えていないのである。これらがひいては、総てのことに繋がっていて、何となく満足している感じを持っているのである。

しかし、今満ち足りているものは物質的な面でのそれであり、精神、つまり心の方はどうかと言うのが問題である。ところで世の大人の中に、今の若い者はハングリー精神が足りないと批判する向きがある。飢えている頃からすると、ガムシャラに求める姿はあまり見当らないのは確かだ。またそんな人はダサイのでありスマートでないのである。そして豊かだから物質的要求が強烈でないのは当然かもしれない。そこで問題になるのは精神的欲求である。これは表に出て来ないからわかりにくい。そこで最初に出した『こころ』を再度出してみよう。「精神的に向上心のないものは馬鹿だ」を今の若者に投げかけたら反応はどうであろうか。

話が横道にそれるが、東京神田の神保町の古本屋街は世界にも稀な、そして最大の古書店街であると言う。ところでそこを歩きながら気づくのは、世界文学全集や世界の名作や古典と言われる本が安い。その上目下の出版界で、世界文学全集は全く売れない、だから出版しないのだと言う。ひと頃の、文学全集が手をかえ品をかえして出版されていたのが夢のようである。何故売れないのか、読まれないのか、その一つは海外旅行が手軽に出来、世界が身近になり、外国が珍しくも憧れでもなくなって来た。その上外国人の名前や地名のしち面倒くさいのを憶えて読むよりも、日本人作家の、会話が多く、テンポも早く、そして殺したりセックスしたりするようなどぎつい内容と、頭を使わず気軽に読めるものが好まれているのだ。そして軽く浅い知的興奮に満足しきっているのである。とにかく豊かであることが、きつく辛い努力を要するような読書を避けることにまで至るとは嘆かわしい。これは何も読書だけでない。３Ｋなどという言葉にも表われているのではないか。

古典となり名作と呼ばれる作品には、それぞれの国の、長年培った伝統、その奥に潜む人間の知恵が描かれている。それを味わうことなく、目先の刺激で満足する世界しかなければ、人生に対する態度も自ら深い洞察など出来ないと思うのである。古典と言われるものは、人生の真理を描いているからこそ読み継がれて古典としての地位を築いているのである。したがって、そのような書を読むことは、人生の真理を汲みとることであり、そのような中に人が何のために生まれ、何をすべきかもわかり、人生の重さを知り、いい加減な人生を送れなくなるのではないだろうか。

最後に現代語訳を書いておこう。「私達は、自分自身をよく反省し、洞察しなければいけない。天が何のためにこの世の中に私達を生み、何の用に役立てようとしているかを考えることである。私達は天が生み出したものであるからには、必ず天命による役割があるはずである。したがって、その役割を果さなかったなら、天は必ず罰を下すであろう。自分自身をよく反省し、洞察してそのことに気づくならば、自分の生き方をいい加減にして生きるなどという事は、してはならないことを知るはずである」。

＊3K ― この文が書かれた一九九〇年頃は、若者がいやがる仕事を3Kといって「きつい・きたない・給料がやすい」とか、また「きつい・きびしい・危険」と頭文字にKのつく職業を指して言った。

2 心を剣のように研ぎすませよ

昔、ギリシアの美少年ナルキッソスは、川面に映る自分の姿に恋い焦がれて、その場から離れることができずに死んでしまい、水仙（ナーシサス）になったとギリシア神話にあるが、ナルキッソスは、水に映る姿が自分の姿であることを知らなかった。現在の私達は、鏡に映るのが自分の姿であることは知っている。しかし自分の素顔を直接には見ることはできないのである。無理して見ると、鼻の先や上唇の一部は見ることができるとしても、顔全体は鏡を通して映るものしか見られないのである。したがって、鏡がゆがんでいたり、曇っていたりすると、真実の姿から遠いものとなる。

このようなことについて佐藤一斎は、

権は能《よ》く物を軽重すれども、しかも自らその軽重を定むること能《あた》はず。度《ど》は能く物を

長短すれども、しかも自らその長短を度《はか》ること能はず。（『言志録』一一）

と述べる。「権」とは、本来はハカリの分銅であり、そこから物の重さを測る器具をいい、また「度」とはモノサシで、ともに権は重さを、度は長短を測ることはできるが、ハカリやモノサシは、それ自身を測ることはできないのである。同様に私たちの目も、いろいろな物を見ることはできても、自分の目を見ることができない。そのように、自分の本当の姿を見ることが、いかに難しいかを述べているともいえる文である。一斎は続いて、

心は則ち能く物を是非して、しかも自らその是非を知る。これ至霊たる所以《ゆえん》なるか。（同前）

と述べて、人間の心は、物事の是非を判断するばかりか、自分の是非をも判断できる。そういう点で心がいかに素晴らしいものであるかを「至霊」という言葉で表している。本文の「至霊たる所以なるか」は、心というものが、最高に霊妙な働きをするといわれている理由は、こういう点からいっているのだろうかと自問しているのである。

この至霊という根拠は、中国明代の大思想家、王陽明《おうようめい》（名は守仁）の言葉、「（心は）虚霊不昧、衆理具はりて万事出づ。心外に理なく、心外に事なし」（『伝習録』巻上）や「心は身の主なり。しかして心の虚霊明覚は、即ち所謂本然の良知なり」（同、巻中）によっている。王陽明は「心即理」説を主張したように、心を重視した立場であり、一斎は幕府の儒官として朱子学を標榜しながらも、狭い学問のセクトにとらわれることなく陽明学を自らの思想に組み入れているのである。

それではこの重要な心について、どうすれば良いか、その処生法について一斎は、

人の精神、尽く面《かお》に在れば、物を逐《お》ひて妄動するを免れず。須《すべか》らく精神を収斂してこれを背に棲ましむべくして、方《はじ》めて能くその身を忘れて、身、真に吾が有と為《な》らん。

（『言志録』二一〇）

という。分りやすくいうと、人の心の働きが顔に集中していると、外界の事物の表面的なものばかりにとらわれ、心はそれを追いかけるようになり、妄動してしまう。したがって、心を収斂《しゅうれん》（ひきしめる）して、背中、別の言葉でいうと、体の中でじっくり落ち着かせて、

対処しなければいけないというのである。一斎は他にも

間思雑慮の紛紛擾擾《ふんぷんじょうじょう》たるは、外物これを乱すに由《よ》る。

（同前、二二）

ともいい、暇な時、無駄な雑念や妄念は、外界の事物が心を乱すことによって起こるものだとする。私達は店のショーウィンドウや、店内のショーケースなどを見ていると欲望にさいなまれる。また人が持っていると、それがないと困るほどにせっぱつまったものでもないのに欲しくなり、それどころか衝動的に買ってしまうのである。その結果、カード破産や自己破産などという悲劇まで引き起こす。そこまでいかなくとも、家に帰れば物だらけ、部屋の中は所狭しと物があふれる。そしてしばらく経てば、これらの物は捨てられる運命にあるものも多い。とにかく物の多い事は、引越しをする時にイヤというほど味わわされる。そこで、一斎は右の文に続けて、

常に志気をして、剣の如くにして一切の外誘を駆除して、敢て肚裏《とり》に襲近せざらしめば、自ら浄潔快豁《かいかつ》なるを覚ゆ。

（同前）

と結んでいる。つまり日頃から常に自分の心を剣のように研ぎすまして、一切の外界の誘惑を排除し、心の中に入らないようにせよというのである。そうすると自然と心が澄みきって、寛大な心になっていくというのである。よく考え反省してみると、そのように感じることもある。

それに対し、欲望に負けると、お金でも溜めれば溜めるほど欲しくなる。だから某政治家のように、七十八歳の高齢、名誉も地位もあり、その上使いきれないほどの金がありながら、まだ金への執着を捨て切れず、不正をしてでも得ようとし、その結果墓穴を掘ってしまった。人間の欲望はきりがない。しかし欲望を否定し去ることは文明の進歩にマイナスの面があり、人間が生き物である限り欲望を捨てることはできないが、肯定すればきりがないわけである。そこに働かねばならないのが心である。判断力のある心がいかに欲望をコントロールするかである。欲望の奴隷、金の亡者となってはもう人間ではない。

このように考えてくると、私達のしなければならない事の第一歩は霊妙な働きを持つ心を正しく働かせる事であり、心こそ自らの心の是非を判断できるものだからである。

心を至霊なものであるとする一斎の言葉をもう一度味わいなおす必要があるのである。

3

己に厳しく人には寛大に

電車やバスに乗ると「お年寄り優先席」とか「シルバーシート」というのがある。私はこれを見るといやな思いがする。どんな人が座るのだろうかと眺めるのである。そして自分を年寄りだと思うのはいつだろうかと想像する。

政府は年寄りを六十五歳以上と考えているようで、老齢年金の正当な支給を六十五歳から開始しているところから推測される。しかし自分が老齢であると考えるか否かは、人それぞれの体力や健康状態からの影響はあるものの、主としてその人の人生観によるものであり、つまり自分に対する見方に厳しいか、甘いかにかかわるのである。このことについて佐藤一斎は次のように言う。

自ら責むるに厳なる者は、人を責むるもまた厳なり。人を恕するに寛なる者は、自ら

恕するもまた寛なり。皆一偏たるを免れず。君子は則ち躬《み》自ら厚くして、薄く人を責む。

（『言志録』三〇）

つまり自分に対して厳しい人は、他人に対しても厳しく、他人を許すことに寛大な人は自分に対しても甘いという。このように一般的にはどちらかに偏りがちだと言っているが、しかし今の世の中の人々を見るとどうであろうか。最初の優先席やシルバーシートの話に戻して考えてみるとき、このような席を設けることが必要なのは、今の人々が利己的で他人への思いやりがない、言い換えれば、自分に甘く、他人に厳しいからということである。

そしてこのような席の指定がなされているのにもかかわらず、若い人が傍若無人にも座っていることがある。いつであったか、少し前の話であるが、お年寄りが立っているのに知らん顔をしてこの優先席に若い女性が座っていたので、彼女の腕を一寸突いて注意を促したところ、その彼女から「痴漢」と叫ばれて困惑したという外国人の話を読んだことがある。現実は、一斎の偏りがあると言う段階より、もっと悪い方へ偏っていると言えよう。

さて、一斎は結論として、君子は自らに厳しく他人には寛大であると説いている。君子とは現代風に言うなら理想的人格者と言える。一斎は自分に厳しく他人に寛大であることを理想としながらも、当時の現実を見る時、そうはいかないことを知っていたので次のようにも言って注意を喚起している。

物を容《い》るるは美徳なり。然れどもまた明暗あり。

（『言志録』三五）

つまり他人を受け入れる寛大さは美徳で素晴らしいが、時と場合によっては明暗に分かれるというのである。例えば、相手が悪いと、寛大さは甘えやルーズさにつながり、馴れあいとなって相手を堕落させることにもなる。だから相手を正しく理解し、評価し、判断して対処しないといけないわけで、その対処について一斎は次のように警告している。

能《よ》く人を容《い》るる者にして、しかる後、以て人は責むべし。人もまたその責めを受く。人を容るること能はざる者は、人を責むること能《あた》はず。人もまたその責めを受けず。

（同前、三七）

ここで一斎は、他人を受け入れる度量のある人であって、はじめて人の過ちを責めることができると言う。そして過ちを指摘された人も、度量のある人の言葉だからこそ、その責めを受け入れるのであり、度量のない人が過ちを責めても、それを受け入れられない。責められた当人も、責める人の行動に納得いかないものを見れば、反感や反発を抱くはずだ。

北宋の名臣范仲淹の次子范純仁は、「常に人を責むるの心を以て己を責め、己を恕《ゆる》すの心を以て人を恕せば、聖賢の地位に到らざるを患へず」(『宋名臣言行録』後集、一一)と言って子供を戒めている。また明代の洪自誠は「人の過誤は宜しく恕すべし。しかれども己に在りては則ち恕すべからず」(『菜根譚』前集、一六五)と言う。両者ともに自分に対しては厳しく責め、他人には寛大であることを求めていて、一斎の言葉と符号するのである。

自分に厳しくすることの必要性は、日常の問題にいくらでもある。目下のゴミの問題とてそうである。自動販売機でジュースやコーヒーを買って飲むのはいいが、何故その空き缶や空き瓶をどこにでもポイと捨てるのかである。

こういう無神経な心が大量のゴミの散乱につながり、はては放置自転車から廃棄物の投棄となる。「自分一人ぐらい、いいではないか」では済まされないのである。まず自分から始めなければならないのである。

一斎の結論は、『論語』の「躬自ら厚くして薄く人を責むれば、則ち怨みに遠ざかる」(衛霊公篇)に拠っている。自分自身を厳しく責めて、他人を責めるのを緩《ゆる》くすれば、人から怨まれたりすることから遠ざかるという意味である。

私達の中には、己に厳しく、人には寛大にというのをモットーにしている人は多い。私もそう思っている一人である。しかし本当にそれを実行しているかと反省してみると、いろいろなところで自分に甘くしているのに気づく。そして今、この一斎の文を読んで、少しでも己に厳しく、人に寛大であるよう身を処していくことができれば幸いだと思うのである。誰もが皆そうなっていけば、世の中は一段と住みよい、いい世の中になることだろう。

＊日本人の平均寿命は延びに延びて、現在は、男八十一歳、女八十六歳と言われる程で、高齢者も七十五歳以上に分けて、後期高齢者として健康保険なども別枠にしている。

4

患難変故にも身を切磋せよ

先頃、厚生省は一九九二年の人口動態統計を発表した。それによると、去年の出生数は百二十万八千人、人口千人当たりの出生率は九・八人で過去最低である。そして女性が一生に生む子供の数が一・五人であるという。この結果、出生と死亡の差である自然増加の人数は三十五万三千人であった。

こうなるといよいよ老人が増え、この老人を支える労働人口が少なくなり、大変であると報じていた。

しかし世界的に見ると、地球は人口爆発の危機に瀕しており、発展途上国の中には飢えに苦しんでいるところは多い。世界最大の人口を抱える中国では、一人っ子政策を推進しているものの、それでもまだ増加は止らない。西暦二〇〇〇年には、地球上には六十二億人の人が、二〇二五年には、八十五億人もの人で溢れると予測されている。

こう考えると日本国一つの人口の減少を、労働力の不足や国力の衰退という問題で、増加の必要性を考えるのはさし置かねばならないと思う。

私がここで問題にするのは、日本の場合のように、少なくなった子供がどのように育つか、またどのように育てるかということである。そしてもう既に、日本の家庭では、兄弟・姉妹の少ない子供達であり、一人っ子のような子供が多い。そして子供が少ないが故に甘やかされて育つことが問題なのである。中国でも、子供は「小皇帝」と言われてわがまま一杯で大変だと言われている。

それならどうするかとなると、少ない子だからと甘やかさないようにしなければならないわけだが、当の甘える子も悪いが、甘やかす親も悪いのである。小さい時から至れり尽くせりで、勉強さえすれば、何でも思うがままにさせてもらえる生徒や学生、彼らは自分の体を動かし、汗を流して学ぶことをしなかったため、少しきついことになるともうダメである。つまりいわゆる3Kを嫌うという例の現象である。

さて、前置きが長くなったが、このような面について佐藤一斎に次のような言葉がある。

山嶽に登り、川海を渉り、数十百里に走るに、時有ってか露宿して寐《い》ねず、時有って

か餓《う》うれども食はず、寒けれども衣《き》ず、これは是れ多少実際の学問なり。夫《か》の徒爾《いたず》らに明窓浄几にて香を焚き書を読むが若きは、恐らくは力を得るの処少なからん。

（『言志録』五八）

少し注釈すると、「多少」は多の字の方に力点があって大いにの意味であり、山や川を旅する中で、野宿して眠れなかったり、食べ物がなくて飢えても食べず、また寒くても着ずに我慢する。こういう中に大いに実際の学問があるのであり、明るい窓辺で綺麗な机に向って、香を焚きながら書物を読むだけでは、本当の学問としての力は得られないと言うのである。現代風に言えば、机の上の知識偏重の学問では力にならないと言うのであろう。

今日、私達は豊かな生活の中に生きている。だから昔の学生が、雑誌の論文をノートにせっせと筆写したことなど夢のようで、今はさっさとコピーをとり、時間も労力もかけることなく全く楽なものである。どんな大部な資料でも、金さえあればまたたく間にコピーされ手元に置けるようになる。何と有難いことかと思うが、しかし昔のように、汗水流してせっせと筆写した時のような切実さがないので、資料はうず高く積まれて繙かれないことになったりする。文明の進歩とは、生活を豊かにし、便利にする。そして欲しいものは簡単に手に入るようになる。そのためかえって目的と異なった方向に行くこともある。

これは何も学問研究だけのことではない。人間が生きるという事においてもそうである。その結果、目標に向かって苦労したり、努力する点に切実さが足りないのである。楽して済ませようとするのである。誰でも楽して生きるにこしたことはないのだが、これから先、そういう考えでは済まされないのである。数少ない若者が、多くの老人を支えていくには楽には済まされないはずである。特に人々をリードしていく立場に立つ人について、一斉は前条に続けて次のように言う。

およそ遭ふ所の患難変故、屈辱讒謗《ざんぼう》、払逆の事は、皆天の吾が才を老せしむる所以にして、砥礪《しれい》切磋の地に非ざるはなし。君子は当にこれに処する所以を慮《おもんばか》るべし。徒らにこれを免れんと欲するは不可なり。（同前、五九）

つまり人生において、非常に困難な事態に直面したり、辱しめや中傷を受けたり、また自分の思い通りにならないことがあるというのは、皆天がその人の才能を熟成させるために下した試練なのであって、それらはすべて人間を鍛錬する場なのである。したがって、君子たる者、つまり世のリーダーになるような人は、これに対処する方法を熟慮して、免れようなどと考えてはならないと言うのである。この考えは『孟子』の「天の将に大任を是の人に降さんとするや、必ず先づその心志を苦しめ、その筋骨を労せしむ云云」（告子下篇）というのを受け継いだ儒教の伝統的な考え方である。

今、日本人は外国人から働き蜂と言われ、人生を楽しむ余裕のない生き方を批判され、働くことが悪いことのようにまで言われている。しかしそれに乗ってはいられないのである。

未来の日本は、老人大国となり、それを支える若者は並大抵のことではあるまい、それを考える時、私達は、文明の安楽さに酔いしれることなく、厳しい困難に出会っても、それに耐える精神的強さを養い、天の大任に堪えられる人間になることが求められるのである。

＊老人大国日本をよく表しているものに、平成二十九年九月の厚生労働省発表によると、百歳以上の人が全国で六万七千八百二十四人（うち女性が八八％）だと報じている。

5

酒は節度をもって飲むべき

酒は人類の歴史と同じように古いものであるといわれ、紀元前四～五〇〇〇年頃から在ったのではないかと推測されている。

中国でも殷王朝にはすでに酒があり、殷の最後の王紂《ちゅう》は、女と酒に溺れ、酒池肉林を作るなどの暴政の結果、国を亡ぼすことになったと『史記』（殷本紀）に伝えている。次に興った周王朝の武王の弟周公旦は、このことを考えて、文王に代って酒の戒めを説いて「天威を降し、我が民もつて大いに乱れ、徳を喪へるは、また酒これ行へるにあらざるなし」といい、「庶国において飲むはただ祀《まつり》のみ」「酒を彝《つね》にするなかれ」（『書経』酒誥）と述べて、酒を飲むのはお祭りの時だけで、常習してはいけないというのである。

我が国では、大伴旅人が酒を讃むる歌で、

験《しるし》なき物を思はずは　一坏の
濁れる酒を　飲むべくあるらし
あな醜く　賢《さか》しらをすと　酒飲まぬ
人をよく見ば　猿にかも似る
（『万葉集』巻三）

と詠んで、酒を礼讃しているのである。

さて、佐藤一斎は酒についてどのように考えているかというと、

酒は穀気の精なり。微《すこ》しく飲めば以て生を養ふべし。過飲して狂酗《きょうく》に至るは、これ薬に因って病を発するなり。
（『言志録』五四）

と述べて、酒は穀物の精気であるから、少し飲めば養生に良いが、飲み過ぎて酒乱に至るのは、薬の飲みすぎで病気になるようなものだとする。これは貝原益軒が、「酒は少なく飲めば益多く、多く飲めば損多し」（『養生訓』）という考えと同じであり、「酒は百薬の長」

（『漢書』食貨志）の考えでもある。

一斎は酒の効用について次のようにいう、

酒の用には二つあり。鬼神は気有りて形なし。故に気の精なる者を以てこれを聚《あつ》む。老人は気衰ふ。故にまた気の精なる者を以てこれを養ふ。少壮気盛んなる人の若きは、まさに以て病を致すに足るのみ。

（同前、五五）

という。わかりやすく解釈すると、酒の効用の一つは、鬼神というものは気があるが形がないもの、だから穀物の精気である酒を供えることによって、散じている気を集めることができる。つまり神に御神酒を供えて祈れるとするのである。もう一つは、老人は気が衰えている。それで酒を飲むことで老人の気力を養うことができる。しかし若くて元気旺盛な人は、気力は十分あるから、酒を飲んで気を補う必要はなく、補えば却って病気を引き起こすだけだと、老人に酒を勧め、若者には酒を慎めという。一斎にとっての酒は、保健薬か滋養強壮剤のようなものである。

昔の流行歌に、「酒は涙か、溜め息か、心の憂さの捨てどころ」（古賀政男）と歌われるように、酒の美味しさもさることながら、人は現実の苦しみから逃れるために、酒に酔いしれてきた。これこそが酒の甘美な魅力であり、それ故に酒を愛し、酒に溺れることになった。そして一斎も過去に酒に溺れて失敗する経験があったのではないかと想像される。一斎には、「凡そ人の最も戒むべきは酒にて候」ではじまる、「某友人に与へるの酒を戒むるの書」（『俗簡焚餘』所収）という一文がある。この文で、酒というものは、舌で味わうものでなく体全体で好むものであるから、酒への欲望というものは、非常に抑え難いものである。それで、自分は数十人の人に、酒に対する忠告を与えたが、一人も長く用いた者のいないのを見ると、酒への戒しめがいかに難かしいかがわかるのだという。そして酒がもたらす影響について次のようにいう。

勤の反を惰《だ》と為し、倹の反を奢《しゃ》と為す。余思ふに、酒能《よ》く人をして惰を生ぜしめ、また人をして奢を長ぜしむ。勤倹以て家を興すべければ、則ち惰奢以て家を亡ぼすに足る。蓋し酒これが媒《なかだち》を為すなり。

（同前、五六八）

ここで一斎は、過去の日本人の美徳であった勤勉と節倹を説き、それを害するものが酒であるとするのである。つまり酒は人に怠惰の心を生ぜしめ、また人に奢侈の心を増長させるという。そして勤勉節倹は家を興すことができるが、怠惰と奢侈は家を亡ぼすといい、この亡ぼす際に酒がその媒介をなすのであるとする。一斎にかかると酒は害の方ばかりが強調されている感じである。それだけ酒はやめられない魔力があると言ってもいいものである。

今日は、酒の種類も多く、品質や味においても各種各様で人を惹きつけて離さない。それだけに酒に耽溺しての失敗は多い。酒を飲んでいて覚えていないとか、酒の上の事だから許してほしいなどという事はよくある。しかし酒の上であろうと、した事はした事で、その責任は取らねばならない。酒は多量に飲むと、アルコール分が脳に入って酔う。そして本能を抑制している大脳皮質を麻痺させ、本能が言動に現れてくる。したがって、酒の上での言動こそ、その人の本能の表れなので、許してくれといっても、許されない面がある。

一斎の時代に比べて今日はストレスが多く、また大きい。その最も簡単な解消法が酒を飲むことかもしれない。したがって、勤め帰りには居酒屋に寄って一杯あおったり、家に帰っては晩酌を楽しむのも当然かもしれないが、度を越しては体をこわし、その揚句は精神の破壊にまでつながることがある。つまりアルコール中毒、アルコール依存症である。またよく話題になるイッキ飲みや量を誇る飲み方など論外の悪癖である。一斎がいうほど厳しくなくとも、酒を愛する者としては、酒を慈む飲み方が求められよう。酒を愛した歌人若山牧水は、

白玉の　歯にしみとほる　秋の夜の
酒は静かに　飲むべかりけり
（『路上』）

と詠んでいる。酒に飲まれることなく、節度をもって飲めば、体のためにも良いし、気力を養うためにも効果があるのである。酒は人類の文化の一つであるからには、それなりの飲み方を考える必要があると思う。

6 利は天下公共の物、自らこれを専らにすべからず

仙台市長が公共事業発注に関して建設業界からの収賄で逮捕されたのも束の間、次は茨城県知事による同様の汚職容疑によってまたも逮捕されるという事件が起き、連日新聞紙上を賑わした。彼ら市長や知事は、自分こそ市民のため、県民のために、何とか役に立ちたいという気持ちで立候補し、その職に選ばれたはずである。それが何故このように私腹を肥やすことになるのだろうかと、誰しもが腹立たしい思いで新聞を読んでいることと思う。

人間というものは、権力や地位を長く保持すると、そうした生活に安住し、権力や地位に阿諛迎合する者の甘い言葉に慣れ、初心を忘れて傲慢になり、利に溺れ、私欲を貪ろうとするようになるようである。この利について佐藤一斎は、

利は天下公共の物なれば、何ぞ嘗《かつ》て悪有らん。ただ自らこれを専らにすれば、則ち怨みを取るの道たるのみ。

（『言志録』六七）

と言う。つまり利とは公共の物であって、それ自体悪いものではない。ところが昔の日本人には「武士は食わねど高楊枝」という考えがあって、お金に対する潔白さを尊び、利について考えるのを俗物と考える風潮があった。その結果、お金について真正面から口やかましく論じると、あいつは金に汚いというような非難や中傷がなされ、お金について表だって口にしないようになってしまった。

こういう考えに一石を投じたのが内村鑑三で、彼は「後世へ、我らの遺すものの中に先づ第一番大切なものがある。何があるかと言ふとお金です。我々が死ぬ時に遺産金を社会に遺して逝く、己の子供に遺してゆくばかりでなく、社会に遺して逝くと言ふことです。（『後世への最大遺物』第一回）と言い、その遺したお金について、「金を使ふ力を持った人が出て来なければならない」と続けて述べている。内村はお金に対するタブー視を打破し、お金は大切だが、もっと大切なのはその使い方であり、それを正しく使う能力のある人の必要を説き、そしてお金が社会に還元される事業にまで言及しているのであるが、一斎の言葉も同様のことを意味している。

つまり利益というものは公共のもの、言い換えれば万民共有のものであり、問題はこの利益を自分一人で独占することにあって、そんなことをすれば他人に怨まれるだけだというのである。だから利を公共に還元することを求めているという事になる。

ところで不正をしてでも利を得たいというのは、人間の本能を形造る欲によるのであり、この欲について一斎は、

人は欲無きこと能はず。欲は能く悪を為す。天、すでに人に賦するに性の善なるものを以てして、しかもまた必ずこれを溷《みだ》すに欲の悪なるものを以てす。天何ぞ人をして初より欲無からしめざる。欲は果して何の用ぞ。

（『言志録』一一〇）

と述べて、人間は欲望をなくす事はできない上、その欲が悪を為すのである。儒教の伝統的考えからすると、『孟子』の性善説以来、天は人の本性に善を与えたと考えるのであるが、それなのに何故悪をなす欲を人に与えたかを一斎は考え、前の文に続いて、

余謂《おも》ふ、欲は人身の生気にして膏脂精液の蒸す所なり。これ有りて生き、これ無くして死す。（同前）

と述べ、欲望は人間の生命の源となる気であって、身体の脂肪や精液によってかもし出されるもので、これがあるから生き、これが無くなると死ぬという。したがって、欲望を否定することができないことを、

凡そ生物は、欲無き能はず。ただ聖人はその欲を善処に用ふるのみ。（同前）

と結論づけているのである。そしてこの欲望を一斎は情と欲に分けて、

情に循《したが》って情を制し、欲を達して欲を遏《とど》む。これ礼の妙用なり。（『言志録』六八）

と言う。情欲は人間である以上排除することができないのは上述の通りであり、したがって、情欲を肯定しながらも他と調和させコントロールする。これが礼の素晴らしい働きだ

というのである。この礼とは、今日では礼儀作法のように狭く解されているが、本来は「礼とは理なり」とか「礼は天地の序なり」（ともに『礼記』）と言うように、人が行動をする際の節目であり、秩序である。わかりやすく言えば、人が社会生活をよりよくするため、お互いに守るべき礼儀作法から社会慣習や法律のようなものに至るまでのきまりである。

『論語』に「富と貴きとは、これ人の欲する所なり。その道を以てこれを得ざれば処らざるなり」（里仁篇）と言う。誰でもお金は欲しい、地位や身分も高くなりたい。しかし正しい道（方法）でそれらを得たのでなければそこにいるべきでないと言う。そして「疏食を飯ひ、肱を曲げてこれを枕とす。楽しみまたその中に在り、不義にして富みかつ貴きは、我に於ては浮雲の如し」（述而篇）と言うように、不正を働くぐらいなら貧に甘んじた方がいいのである。悪いことをして得たお金など「悪銭身につかず」であり、その犯した罪は「天網恢恢、疎にして失なはず」（『老子』第七三章）と言うように、当座は逃れることができても、いつかは必ず捕えられて司直の手で裁かれるようになることは、冒頭に述べた新聞の記事が証明している通りである。

今日、このように豊かな世である時こそ、「利は天下公共の物」であるという一斎の言葉を再認識する必要があるのではないだろうか。

7

己を喪へば、斯に人を喪ふ

大手出版社の社長がコカインの密輸容疑で逮捕された。俳句を作っては賞を受け、子供に夢を与えるような映画の監督までもするような、学識もあり、見識もある人が、何故このような罪を犯すのか、不思議でならない。世間によくある、一寸魔がさしたなどという事件ではないのである。

彼は自分の地位や立場だけでなく、自分自身を見失ってしまったといえそうである。このようなことについて佐藤一斎は、

己を喪《うしな》へば、斯《ここ》に人を喪ふ。人を喪へば、斯に物を喪ふ。

（『言志録』一二〇）

という。自己を失う、つまり自分を見失ってしまった人間は、友人の信用も失い、ひいて

は自分と関係のあった人たちとも離れていってしまう。そうなると人ばかりでなく、物までも失ってしまうというのである。

何故己を失うようになるのか。それは自分の分を知らなかったからであり、知っていても忘れたか、見失ったからである。一斎の言葉に、

分を知り然る後に足るを知る。　（同前、四二）

というのがある。私たちは自分の分を知っているようで、意外と知っていないのである。よく「分をわきまえなさい」とか「子供の分際で」といわれるその分である。広く社会的な意味では、身分・地位や階級を指し、狭く個人的な意味では、自分のもちまえ・性質・力量・能力などを指している。したがって、一斎の言葉は、自分の能力や力量、そして自分の社会的立場を知ったなら、おのずから自分の満足すべき限界を理解し、満足することができるというわけで、前述の社長は、自分の社会的立場を忘れ、自分の満足すべき限界を見失い、はては自己喪失したのであろう。

しかし、一斎は消極的態度で自分の分に甘んぜよとばかりいっているのではない。やは

りやらねばならないことについては次のようにいう。

凡そ事、吾が分の已《や》むことを得ざる者に於ては、当にこれを為して避けざるべし。已むを得べくして已めずんば、是れ則ち我より事を生ぜん。（同前、六二）

つまりあらゆることにおいて、自分の本分として為さねばならないことは、何としても成し遂げるのが当然であり、忌避してはいけない。しかし止めてもいいような、どうでもいいことを止めずにするならば、自分から問題を引き起こすようなことになるだろうというのである。

さて、話を最初に戻して「己《おのれ》を喪ふ」の己について考えてみる時、一斎は己を二つに分析して、

本然の真己有り。躯殻の仮己有り。須《すべか》らく自ら認め得んことを要すべし。（同前、一二二）

という。分りやすく解釈すると、人には本来的な自己があり、また身体という外面的な仮の自己がある。そこで私たちは、自分にこの真己と仮己の二つがあることをしっかり認識する必要があるというのである。そしてこの本来的自己を信じることが大切であることは、

士は当に己にあるものを恃《たの》むべし。（同前、一一九）

という言葉にも表れている。

さて、この真己を求めることを、古くは「放心を求める」という言葉で表している。『孟子』に「仁は人の心なり。義は人の路なり。その路を舍《す》てて由らず、その心を放って求むるを知らず、哀しいかな。人、鶏犬の放つ有れば、則ちこれを求むるを知る。放心有りて、而も求むるを知らず。学問の道は他なし。その放心を求むるのみ」（告子上篇）とあって、人は鶏や犬のような、具体的に必要なものが逃げたり、なくなったりすると、これを探し求めることはするが、心のように、具体的に目に見えないものは探そうとしない。そういう意味から学問することは、ほかでもないこの放心を求めることであるという。放心を求めるとは、現代風にいうと、真の自分の心、人間としての自己本来の心を求めること

であり、人間としての自覚である。それはとりもなおさず主体性の確立につながることである。

このように自己確立すれば、自分を暴《そこな》ったり、自分自身を侮《あなど》ったりしないで、もっと自分を大切にするはずである。『孟子』には「自ら暴ふ者は与に言ふことあるべからず。自ら棄つる者は与に為すことあるべからず」（離婁上篇）といい、また「人必ず自ら侮り、然る後に人これを侮る」（同上）といって、自分を傷つけ害なって、自分を駄目にするような人とは一緒に語りあうことはできないし、ヤケになって自分を嘲り、自分を大切にしない人とは一緒に仕事はできないという。

つまり自分自身を見捨てるから、人も見捨てるので、まずは自暴自棄をやめて、自らの本性を信じて自己確立から始めなければならない、というのが『孟子』の性善説をもととする考えである。そしてそれが儒教の伝統的考えとして佐藤一斎にも流れているのであり、過去の日本人の心にも流れていたし、今日の人々の心の底に流れているはずである。

ここで私たちは、この心の底に流れているものを再び意識の上に汲み上げる必要があるかと思う。そのためにも、一斎の「己を喪へば、斯に人を喪ふ。人を喪へば斯に物を喪ふ」という言葉を味読する必要があるのではないか。

8 須らく時に及びて立志勉励すべし

師走の声を聞くと、ああ今年も終るのか、さてこの一年はどんな年であったか、自分はそこで何をしてきたかを振りかえるのである。そして年をとっている者は、月日の経つことの早さを痛感し、慨嘆するのである。

若い時は早く親から干渉されない大人になりたいと思い、大人になったら何でも自分の思い通りにしようなどと考えている。ところが大人になると、現実の厳しい生活に追われて、月日の経つのに気がつかないままに過してしまう。そして気がついた時には、もういい年になっているということが往々にしてある。そういうことに関して佐藤一斎は次のように言っている。

人は少壮の時に方《あた》りては、惜陰を知らず。知ると雖も太《はなは》だしくは惜しむに至らず。

四十已後を過ぎて、始めて惜陰を知る。既に知るの時には、精力漸く耗《こう》せり。故に人の学を為すには、須《すべか》らく時に及びて立志勉励するを要すべし。しからざれば、則ち百たび悔ゆともまた竟《つい》に益なからん。

（『言志録』一二三）

わかりやすくいうと、一般に少壮の頃（つまり現代では中年頃までの間でしょうか）、その頃までは時間を大切にすることを知らないで、知っていたとしても寸暇を惜しんで何かをするというほどまでに切実に過してはいないのである。この陰とは「光陰矢の如し」の光陰で、時間を指している。ところが四十歳以降になると（幕末で四十歳以降というから、今日ではさぞかし五、六十歳ぐらいでしょうか）、その頃になると時間の大切さを身にしみて感じる。しかしその時はもう肉体的な精力は衰え始めていて、思うようにならないというのである。

一斎が『言志録』を書き始めたのは文化十年（一八一三）、四十二歳の時で、林家（当時林述斎が幕府の大学頭であった）の塾長として活躍していた頃である。つまり彼はその頃惜陰を感じ、自分の過去を反省した結果の言葉なのである。一斎は自分の体験上から次のように続ける。前述のような理由から、学問を為すには、精力の充実した若い時に志を立てて勉め励まなければいけない。ここに言う「時に及びて立志勉励すべし」という言葉は、陶淵明の「盛年重ねて来らず、一日再び晨なり難し。時に及んでは当に勉励すべし、歳月人を待たず」(「雑詩」其二)をふまえており、若い時は二度と来ないし、一日に朝は二度来ない。だからなすべき時にしないと、歳月は人を待ってくれないので、百回後悔したとしても、何の益も得られないだろうというのである。

若い時はエネルギーに満ち溢れていて素晴らしい。そこには限りない可能性が秘められている。だから孔子も「後生畏《おそ》るべし。焉《いずく》んぞ来者の今に如《し》かざるを知らんや」(『論語』子罕篇)と言って、若者は恐るべき存在であり、これら若者がどうして今の自分に及ばないことがあろうかと言い、必ずや自分を乗り越えていくだろうと述べ、しかし「四十、五十にして聞こゆるなきは、これまた畏るるに足らざるのみ」(同上)と続けているのである。つまりエネルギーに満ち溢れた若い時に、自分のなすべきことを自覚せず無為に過ごして、四十歳、五十歳というような年齢になっても実績を上げられず、名も知られないような人は恐れるに足りない人だという。

だからと言って若さにまかせて血気にはやるのもよくないことを、孔子は「君子に三戒あり。少き時は、血気未だ定まらず。これを戒むること色に在り。その壮なるに及ぶや、血気方に剛なり。これを戒むること闘に在り」(『論語』季氏篇)と言って、若い時は血気が安定していないので色欲に走りやすいし、壮年になると血気が盛んなので闘争に走りやすい。それで十分注意して自分を戒めよと説いている。

そこで、一斎は年齢に応じた人格の修養を説いていて次のように言っている。

学ぶ者、当に徳は歯とともに長じ、業は年を逐ひて広かるべし。四十以後の人、血気漸く衰ふ。最も宜しく牀第(閨房のこと)を戒むべし。然らずんば、神昏《くら》く気耗《こう》し、徳業も遠きを致すこと能《あた》はず。独《ひと》り戒むることの少《わか》き時に在るのみならず。

(『言志録』一六三)

一斎は、学問をする者はその人徳も年齢と一緒に成長しなければならないし、その学問や事業も年齢とともに広がるようでなければいけない。つまり学問にしろ事業にしろ、単にその拡大だけで頭デッカチではいけないのである。やはり年相応の人間としての徳、言い換えれば人格も磨かねばならない。そして四十歳以上の人(現代は五、六十歳といってもよいと思うが)は血気が衰えてくるので、過度の房事を慎めと言う。そうでないと精神までもがぼんやりとなり、気力が衰えて、自分の人格の練磨も、また事業も目的を達せられないと警告しているのである。

現代は生涯教育の時代である。若い時に決断し、急がず焦らず地道に続けることである。つまり「急迫は事を敗《やぶ》り、寧耐は事を成す」(同前、一三〇)とあるように、じっと我慢して、忍耐でもって継続していくことが大切である。そのためにもスタートである「須らく時に及べば、立志勉励すべし」が重要なのである。そして時を惜しんで学び続けることである。

最後は一斎の有名な言葉で締め括ろう。

少《わか》くして学べば則ち壮にして為すあり。
壮にして学べば則ち老ゆとも衰へず。
老いて学べば則ち死すとも朽ちず。

(『言志晩録』六〇)

9

志有る者は古今第一等の人物を期すべし

新年を迎える時に、私達はよく「一年の計は元旦にあり」という諺を思い出して、今年こそは何かやろうと思い、元日には決心しようと考えるのである。この諺は「一年の謀りごとは正月にあり」（松葉軒東井編『譬喩尽』）という言葉が形を変えたものらしい。中国には「一年の計は穀を樹《う》うるに如くはなく、十年の計は木を樹うるに如くはなく、終身の計は人を樹うるに如くはなし」（『管子』権修篇）という言葉がある。これは具体的に何をすべきかを述べ、短くは穀物の増産をはかり、長期計画では人作りこそが最も大切だということである。

さて、読者はそれなりの志を持つ人であろう。そういう人に対し、佐藤一斎は次のように述べている。

世間第一等の人物と為らんと欲するは、その志小ならず。余は則ち以て猶《な》ほ小なりと為す。世間には生民衆《おお》し雖も、しかも数に限り有り。この事恐らくは済《な》し難きに非ざらん。

（『言志録』一一八）

この世の中で第一級の人物になろうという志は小さくはない。しかし、私（一斎）はそれを小さいと考えるのである。何故なら世の中の人々は、多いといっても数に限りがある。つまりこの世に生きている人は数えられる範囲ぐらいしかいないのだから、その中で第一級の人物になることはできないことではないと述べる。

そして引き続き次のように言うのである。

前古已《すで》に死せし人の如きは、則ち今に幾万倍せり。その中、聖人・賢人・英雄・豪傑は数ふるに勝《た》ふべからず。我、今日未だ死せざれば、則ちやや出頭の人に似たれども、而《しか》も明日もし死せば、すなはち忽《たちま》ちに古人の籙《ろく》中に入らん。

（同前）

わかりやすくいうと、すでに死んでしまった過去の人は、今の人の何万倍もの人がおり、その中には聖人・賢人・英雄・豪傑と言われる人は数えきれないほどいる。それを考えると、今私はこの世の中では少しばかり抜きん出た存在かもしれないが、もし今死んだなら、過去の歴史上の人々と同じ過去帳の中に並べられるだろう。そうなるとどうなるか。

ここに於て我が為したる所を以て、諸《これ》を古人に校《くら》ぶれば比数するに足る者なし。是れは則ち愧《は》づべし。故に志有る者は、要《かなら》ず当《まさ》に古今第一級の人物を以て自ら期すべし。

（同前）

という。ここで自分の成したことを昔の人と比較する時、それに十分答えられるものはない。これは恥ずべきことであり、従って志有る人は、自分の目標を古今第一級の人物になるよう決心しなければいけないという。

中国では、昔は聖賢を学ぶことが学問の目標であった。ところが中央集権国家として官僚社会が確立すると、学問をするのは高級官僚になるために科挙《かきょ》の試験に合格することを目標とするようになる。それに対し、反省を求めるかのように在るのが所謂宋学の祖と言われる周濂渓《しゅうれんけい》で、彼は科挙通過者でなく、彼を師とした程明道《ていめいどう》は「十五、六の時より汝南の周茂叔（濂渓）の道を論ずるを聞きて、遂に科挙の業を厭ひて、慨然として道を求むる志有り」（『伊洛淵源録』巻二）と言われている。この道こそ聖学の道であり、聖人になるための道である。明道の弟程伊川《ていいせん》も周濂渓について学んだが、大学での師胡安定の問に対して、「顔子好学論」という論文を書いて答えている。そこで伊川は学問修養によって聖人になれることを述べているが、これは師の周子の『通書』にある「聖は学ぶべし」という考えを受け継いだものである。

科挙に対する態度は現代における大学入試の為のそれであり、ひいては良い就職口にありつくという功利的なものである。それを棄てて真の学問を究めて聖人になるというのは、現代風に言えば、学問を通して理想的人格を確立することであり、これこそ佐藤一斎の言う古今第一等の人物になることである。

『言志四録』を愛誦した西郷隆盛は、この書の中から感銘を受けた一〇一条を抄出して後世に残した。これは西郷の死後、明治二十一年に元高鍋藩主秋月種樹《たねたつ》侯によって『南洲手抄言志録』として刊行されている。その西郷は、「学に志す者、規模を宏大にせずば有るべからず。……規模を宏大にして己に克《うちか》ち、男子は人を容れ、人に容れられては済まぬものよと思へ」（『西郷南洲遺訓』）と書き残しているが、この規模宏大で人を許容する度量ある人間こそ古今第一等の人物であろう。

私達は情報化社会の中で生きているので、自分がこの世の中で何ができるか、どのような人間になれるかについては、各種の情報のために限界を知らされて萎縮してしまうのである。そのため一斎の言う「古今第一等の人物」どころか、「世間第一等の人物」にでもなりたいものだと、それを口にでも出そうものなら、誇大妄想狂と言われ、嘲笑されるであろう。

現代はみな平等であることが良しとされる社会であり、第一等になるなどという考えを圧し潰す社会である。しかし人間の能力は千差万別であり、その能力によって誰かがリーダーとして世の中をリードしていかねばならないのである。そのためにも第一等の人物になる必要があるのである。一斎の「世間第一等の人物でなく、古今第一等の人物」を目標とする志の宏大さに驚嘆するだけでなく、一歩でもいいから一斎の境地に近づけるよう努力することこそ肝要なのではないか。

こう考えてくると、クラーク博士の「青年よ、大志を抱け」が胸に響いてくるであろう。

10 信、上下に孚《まこと》なれば天下甚だ処し難き事無し

今日、日本の政治に求められているのは、国民の政治に対する信頼の回復であり、そのために政治改革法案が国会に上程され、様々の角度から論議されている。

政治に信頼関係が重要であることは、孔子の昔から論ぜられていて『論語』に次のような話がある。門人の子貢が孔子に政治のことを質問したところ、孔子は「食を足らし、兵を足らし、民はこれを信にす」（『論語』顔淵篇）と答えている。つまり政治に重要なのは十分な食べ物と兵（軍備）、そして民との信頼関係だというのである。そこで子貢はさらに、どうしてもやむを得ぬ事情でとりやめねばならないならないならどれを除くかと問うと、先ず十分な軍備はいらない。次に食べ物を十分にすることをやめようと孔子は答えて、「古より皆死有り。民は信無くば立たず」（同前）と言った。食べ物を犠牲にしてまでも信を残しているのである。

信の字は、中国最古の辞書である『説文解字』に「誠なり。人と言に従ふ」とあって、人と言との会意文字であるという。つまりこの字は人と言とからできていて、言葉の人、すなわち言ったことは必ず為す人、約束を守り、言行一致の人のことである。別の漢字を当てると誠である。つまり誠も言と成よりできていて、言葉を成就するということで、信と同じである（ただし『説文』には、言に従ふ成声とあって形声文字とする）。したがって、日本では両者ともマコト（真事）と訓ずるのである。

俗に「言うは易く、行うは難し」と言うように、言行一致ということは非常に難しいことであるので、「軽諾は必ず信寡《すくな》し」（『老子』第六四章）とか「信言は美ならず、美言は信ならず」（同、八一章）というように、軽々しく請けあった言葉には信頼が持てないことが多いし、また調子よくいい事ばかり言っている言葉には真実性が乏しいというわけである。

孔子は人を信じること厚い男であったが、弟子の宰予が昼寝しているのを見て、「朽木は雕るべからず、糞土の牆《しょう》は杇《ぬ》るべからず」（『論語』公冶長篇）と言って、朽ちた木は彫刻することはできないし、ぼろぼろに腐った土塀には上塗りすることができないように、性根のダメな奴はどうにもできないと怒っている。こんなに立腹しているのは、宰予は昼間から女と寝ていたからだと解する人もいるが、そこまで言わずとも、怠けて寝ていたぐらいかもしれぬが、それはそれとして、宰予は孔門十哲の一人として「言語には宰我（名は予。字が子我なので宰我という）・子貢」（同、先進篇）と称させるように、弁舌が爽やかだったのである。

したがって、日頃口ではいいことを言っていたのに行動を見ればこういう有様だ、というわけで、そのため前述に引き続いて孔子は「始め吾の人に於けるや、その言を聴きてその行を信ず。今、吾の人に於けるや、その言を聴きてその行ひを観る。予（宰予）に於てか是を改む」（同、公治長篇）と述べて、言葉だけでなく、その人の行動を見てはじめて信じるようになったと、宰予の言・行から、従来の人間の見方を改めたと述べている。したがって、「君子は言に訥にして行ひに敏ならんことを欲す」（同、里仁篇）というように、口（弁説）は下手でいいからとにかく行動に敏速であることが大切であり、そうしてはじめて人に信頼されるのである。

こういうことについて、佐藤一斎はそれをもう一歩進めて次のように言っている。

信を人に取ること難し。人は口を信ぜずして躬《み》を信じ、躬を信ぜずして心を信ず。是《ここ》を以て難し。

（『言志録』一四八）

人から信頼されることは難しい。人は言葉でなく躬を、つまり躬行を信じる。躬行とは身を以て行うこと、つまり実際の行動を信じるのである。しかしもう一歩進んだ人は、行動でなく、その行動をさせる心を信じるというのである。たとえ行動していても、心に反して行動することもあるので、最も根本である心まで洞察しようというのが一斎の厳しい見方である。そう考えると人に信頼されることはいっそう難しくなるのである。

それならどうすればよいかについて、一斎は次のように言う。

臨時の信は、功を平日に累《かさ》ね、平日の信は、効を臨時に収む。（同前、一四九）

という。分りやすく述べると、何か緊急事態が起きた時に信頼されることは、常日頃から実際に行動して、そのような努力を積み重ねた上に成り立っているのであり、常日頃から信頼されることは、何か事が起きた時にこそ効果を現わす。つまり良い結果をもたらすというのである。したがって、他人と信頼関係を保つことは素晴らしいことであり、また大変なことなので、曾子は「吾、日に吾身を三省す。人の為に謀りて忠ならざるか、朋友と交はりて信ならざるか、習はざるを伝へしか」（『論語』学而篇）と述べて、毎日何度も反省しているのである。そして誰もが皆信頼に足る人間となった時には、

信、上下に孚《まこと》なれば、天下甚だ処し難き事無し。

（『言志録』一五〇）

となるのである。上に立つ指導者も、下で支える国民も、ともに厚く信頼しあえるような関係になれば、この世の中に処理し難い事はなくなるのだと一斎は説くのである。

今日政治腐敗の一掃と政治への信頼回復が掲げられる時、この「信、上下孚」であれば「処し難き」不況も乗り越える力も生れるのではないか。そのためにも信頼に足る人が求められ、それを生み出す信頼される、信義ある個々人になることこそ、我々は目標とすべきなのである。

11

死生の権は天に在り、当に従ひてこれを受くべし

昨年末に田中角栄首相が亡くなり、また人気司会者逸見政孝氏が亡くなった。明けてすぐに伯耆大山で遭難死が出たり、九州大学で肝臓移植をした患者が亡くなるという、死についての記事が新聞紙面を賑わした。死は生きる者の絶対に避けることのできない宿命であるとはいえ、有名人や話題の事件が死につながる時、私たちは否応《いやおう》なく死について考えさせられるのである。

生きるものにとって最大の問題は死であり、就中《なかんずく》人間は生死を意識し、考え悩む唯一の存在であるだけに、死の問題は深刻になるのである。この死の恐怖から逃れるために、昔から人々は宗教に救いを求めてきた。そして死後に極楽の世界や天国を想い描き、そこに生まれ変わることを願ったのである。しかし儒教においては、この死よりも現実を重視したことは、孔子の弟子の子路が「敢へて死を問ふ」と死について質問したのに対し、孔

子は「未だ生を知らず、焉《いずく》んぞ死を知らん」（『論語』先進篇）と言って、まだ生も理解していないのに、どうして死のことが分かろうかと答えた言葉によく表われている。

しかし、いくら現実を重んじると言っても、死を畏れるということは、生きるものの当然の情である。とはいえ畏れてばかりいるわけにはいかない。そこで、死に対してどう対処するかについて佐藤一斎は次のように述べる。

生物は皆死を畏《おそ》る。人はその霊なり。当《まさ》に死を畏るるの中より、死を畏れざるの理を揀《えら》び出すべし。吾思ふ「我身は天物なり。死生の権は天に在り。当に従ひてこれを受くべし。」と。

（『言志録』一三七）

生き物が皆死を畏れるのは当然であるが、その中でも人間は万物の霊長であるから、当然死の畏るべきことも理解しているわけで、そのような状況の中から、死を畏れないような考えを選び出す必要があるというのである。そして、「自分自身は天が生み出したものであるから、死ぬか生きるかの権、この権という字は、現在は権力や権利と使われる字だが、本来ははかり（秤）であり、秤で計ってどうこうするという意味で、つまり死ぬか生きるか、どちらに行くかの趨勢というものは天に在るというのであり、運命として決っていると考えている。したがって、人間はこの運命に順って受けなければならない」と言い、さらにこの文に続けて次のように言う。

我の生まるるや、自然にして生まる。生まるる時、未だ嘗《かつ》て喜ぶを知らざるなり。則ち我の死するや、応《まさ》に亦自然にして死すべし。死する時、未だ嘗て悲しむを知らざるなり。天これ（人間）を生じて、天これを死せしむ。一に天に聴《まか》すのみ。（同前）

一斎は人間の生死について、自然に生まれ、自然に死んでいくのであって、自分の生死は天命によるものであり、天命のなすがままにするだけだと言うのである。

こういう考えは、「死生命有り、富貴天に在り」（『論語』先進篇）と同じであるが、これは儒学の伝統的考えではなく、却って老荘思想に多いのである。特にこの一斎の考えは『荘子』の「古への真人は、生を説《よろこ》ぶことを知らず、死を悪むことを知らず。その出づる（生まれ出てくる）も忻《よろこ》ばず、その入る（死の世界へ入る）も距《こば》まず。悠然として往き、悠然として来るのみ」（大宗師篇）というのと同じである。『荘子』には、このような考えを寓言として端的に表わしたものに「荘子鼓盆」の話がある。

それは、荘子の妻が死んだ時のこと、友人の恵施が弔いに行ったところ、荘子は足を投げ出して盆を叩いて歌を歌っていた。それを見て恵施は荘子に「長年連れ添い、子供を育て、そしてともに年老いた仲であったのに、その妻が死んだからとて、盆を叩いて歌うとはひどすぎやしないか」と詰《なじ》ったところ、荘子は妻が死んだ当初は悲しい思いがしたが、「その始めを察するに、すなはちもと生無し。ただ生無きのみに非ず。もと気なし。芒芴《こうこつ》の間に雑り、変じて気有り。気変じて形有り。形変じて生有り。今また変じて死に之く。」（至楽）と言って人間が生まれるのも、もとは無から気が生じ、それが形を成し、そして生命が生まれ、それがまた死へと変化して無に帰していくのだと考えると、それは四季の移り変わりと同じようなもので、したがって悲しむ理由はないと弁解している。

一斎も考え方としては『荘子』と同じなのである。彼は死を畏れる気持ちについて、

死を畏《おそ》るるは生後の情なり。躯殻《くかく》（肉体）有りて而る後にこの情有り。死を畏れざるは生前の性なり。躯殻を離れて而して始めてこの性を見る。人須らく死を畏れざるの理を、死を畏るるの中に自得すべし。性に復るに庶《ちか》からん。

（『言志録』一三八）

と述べて、死を畏れる感情は、生後、肉体に後天的についたもので、人間の本性にはそういうものはなかった。それが肉体を持つことで、欲望が生じ、それが人間の本性を濁らせる。死を畏れる感情のもとである肉体、そこに宿る情欲を捨て去ることが死を畏れない理で、それを今生きている人々が自得すれば人間の本性に近づくというのである。

一斎の奉じた陽明学では、人間は本来、誰でも本性である良知を具有していると考え、その本性である良知を体現した人は聖人であるので、

聖人は死に安んじ、賢人は死を分とし、常人は死を畏る。

（同前、一三二）

ということになる。

死を語ることは難しいし、一斎の死に対する考えを納得するのもまた然りである。ただ死は何時来るか分らないが、必ず来るのである。生を充実させるためにも、死について一考する必要があろうかと思うのである。

12

学問は日用を離れざる意思を見得するに庶《ちか》し

いつも手から本を離さないという学徳の高い老人がいた。人々はその老人のことを篤学者だと言って称賛していた。それに対し佐藤一斎は、そういう読書の在り方に疑問を感じて次のように言う。

余を以てこれを視るに、恐らくは事を済《な》さざらんと。渠《か》れはその心、常常放《お》きて書上に在り。収めて腔子《こうし》（からだ）の裏《うち》に在らず。

（『言志録』一四五）

一斎自身の考えからすると、このような人は多分、人生に於いて何事も成就しないだろうと言うのである。何故なら、この老人は、いつも心を書物の上にだけ置いていて、自分の心が自分自身の腔子（からだ）の中に無いからだという。心を体の中に置くということは、心を自分自身に集中すること、宋明理学では収斂するというそれである。そうすることで体得できるのである。したがって、目で書物の字面の上を走らせるだけではダメなので、

渠《か》れは精神を専ら目に注ぎ、目のみ偏してその労を受け、精神もまた従ひて昏聵《こんかい》す。かくの如きは、則ち能《よ》く書を看ると雖も、而も決して深造自得すること能《あた》はず。

（同前）

と言う。ここで一斎は目が疲れることで、精神の方も疲れて暗くなってしまい、したがって、決して深いところまで究めて自得することはできなくなるというのである。

一斎は沢山の書物を読む必要はないと言っているのではない。ただ目のみを使って字面《じづら》を追うだけではいけないと言うのであって、幅広い読書が必要であることは確かである。

昨今のＴＶはクイズ番組に人気がある。スターや有名人が回答者として壇上に並んでいるのから、一般の応募者が海外旅行や賞金を手にしようと争うものまで、各種各様の番組が視聴者を喜ばせている。このクイズなどは知識の豊富さを競うもので、記憶量、情報量の多少の問題である。ただ一斎が問題にしているのは、記憶量が多いだけではいけないと

いうことである。『論語』にも「学びて思はざれば則ち罔《くら》し。思ひて学ばざれば則ち殆《あやう》し」（為政篇）とあるように、該博な知識とそれに伴う正しい判断力が求められるので、一斎も、

博聞強記は聡明の横なり。精義入神は聡明の竪なり。

（同前、一四四）

と言うように、広さと深さがあってはじめて本物なのだと考える。

北宋の学者程伊川《ていいせん》は、弟子の尹焞《いんとん》が学問の方法について質問したのに対し、「公、学を為すを知らんと要せば、須らくこれ書を読むべし。書は必ずしも多く看ず。その約を知らんことを要す。多く看てその約を知らざるは書肆のみ」（『近思録』巻三、致知）と言うように、いくら沢山本を読んだとて、その要点を把えきれなければ、本屋にすぎないと言うのである。伊川はこの文に続けて、自分は若い時沢山の書物を貪り読んだが、今はほとんど忘れていると慨嘆しているのである。この程伊川の学統を継ぐ朱熹《しゅき》は「書を観るに先づ須らく熟読し、その言をして皆吾の口より出づるが若《ごと》くせしむべし」（『朱子文集』巻七四）と述べて、暗記するほど熟読せよとも言っている。

さて、このように書物を身につくように読んだあとは、そこで得たものを日用に実践す

ることである。陽明学を奉じている一斎には、知行合一の思想がそこに反映するのである。したがって、一斎の塾規に、「もし実行なくて、読書作文のみに流れ候ひては、何程経説に委《くわ》しく、諸子百家に渉《わた》り、詩文に巧みに致し候ひても、技芸にかはる事これなく候。……然れば実行ありての読書にて候」(『俗簡焚餘』所収)と言い、「読書もまた即ち実行の一つにて候」(同前)と、実践の伴わない読書は、いくら経説に詳しく、諸子百家に通暁し、詩や文章が巧みでも、真の読書には価しないと考えている。『言志録』にもそのことを、

経を読む時に方《あた》りては、須らく我が遭ふ所の人情事変を把《と》って注脚と做《な》すべし。事を処する時に臨みては、則ち須らく倒《さかしま》に聖賢の言語を把《と》って注脚と做すべし。事理融会して、学問は日用を離れざる意思を見得するに庶《ちか》し。

(同前、一四〇)

とある。つまり経典を読む時は、自分の遭遇した経験でもって解釈し、自分がいろいろな事件に遭遇した時は、聖賢の書である経典でその事件を考え対処すべきであって、学問とは理論と実践が一体化したところにあるのであって、日常の実践行為を離れてあるものではないというのである。

幕末に生き、政治の枢要にも参画していく位置にあった佐藤一斎にとって、揺れ動く現実の社会に対処する中では、日常の実践から遊離した、単なる知的遊戯に過ぎない読書や学問は意味のないものと考えたのであろう。

豊かな社会に生きる私たちは、豊かであるが故に現実に流され、埋没しているが、時としては現実に生きる、そして現実を生かす読書や学問を求める必要があると思うのである。

13

敬能く妄念を截断す

最近日本語は乱れている、特に若者の言葉がひどいう話をよく耳にする。その中でも若者は敬語が使えないという。

敬語は封建時代の身分関係の影響からか、日本では特に発達していた。それが太平洋戦争に敗れ、民主化される中で平等思想が普及していき、それとともに従来の敬語は改められ、新しい敬語へと脱皮していった。それが今日では、敬語の根幹である人間関係の中にある「敬う」という心までが失われ始めている。

言葉の面では最近気になるのは、俺(オレ)という言葉の使い方である。俺という言葉は、昔は身分の上下等に関係なく用いられた(『日本国語大辞典』)というが、現代は「主として男が、同輩またはそれ以下の人に対して用いる(『広辞苑』)とあるように、私達は「俺」は「お前」と対の言葉であり、「同期の桜」の歌の一節「貴様と俺とは同期の桜」とあるような関係にあった言葉である。それが最近は、目上の人に対して若者が「オレ」を使い、生徒や学生が教師に向かって「オレ」を連発している。特にＴＶのドラマなどは、社長や部長に対して社員が「オレが云々……」と喋っているのにでくわす。マスメディアでこのような使い方が流されれば、その影響がいかに大きいかは想像に難くない。

私のような少し年をとった人間にとっては、私とあなた、僕と君、俺とお前が対の言葉であり、目上の人や先生に対して「オレ」というのを聞くと、奇異に感じ、何としてもしっくりこないのであるが、しかしあまりこのようなことに異議が唱えられないのは、敬意についての考えが忘れられているからであろうか。

さて、この「敬」という字は、中国最古の辞書である『説文解字』に「粛なり」とある。つまり身を引き締めることで、故藤堂明保先生によれば、敬は警・驚と同じ系統の語で、「はっと全身を緊張させること」(『漢字語源辞典』)であるという。この身を緊張させ、厳粛な態度をとることが「敬う」なのである。そしてこの敬の漢字に対して日本語のウヤマウを当てているが、このウヤは「うやうやしい(恭しい)」のウヤであり、また「うやぶ(礼ぶ)」でもある。

中国では、この「敬」は宋代になって哲学的に深い意味を持つようになった。北宋の五子の一人であり、その流れに朱子が生まれるという程伊川は、「所謂敬とは、一を主とす之を敬と謂ふ。所謂一とは、適くこと無き之を一と謂ふ」(『近思録』巻四、存養)と言って、敬とは心を専ら一つのところへ集中して他へ向かわないこと、つまり主体性を持って対処して、外からの誘惑に対して動揺しないことであると言っている。こういう考えを受けて佐藤一斎は次のように言うのである。

妄念を起さざる、是れ敬にして、妄念起らざるは是れ誠なり。(『言志録』一五四)

ここで、「起さざる」というのは他動詞に使われて、敬というものが(あれば)、つまり自分がつつしみうやまうような心があれば、それは妄念を起さないし、起させるようなことはしない。それに対し「起らざる」は自動詞で、自分の心が誠、つまり純粋で虚偽がなければ、そこには妄念が起きてくることがないと言っているのである。その結果、

敬能く妄念を截断す。(同前、一五五)

ということになる。一斎はこの言葉の後に、程伊川の言葉を引用して「敬は百邪に勝つ」（『近思録』巻四、存養）と言い、続けて「百邪の来るは必ず妄念有りてこれが先導を為す」（同、一五五）と述べる。あらゆる邪悪な考えは、すべて妄念が根本にあるからで、妄念という我儘勝手でみだらな考えを抑えるには、自分自身に厳しく、慎しむ必要がある。それは「慎独」である。

一般に私達は、他人が見ている時には人の思惑《おもわく》を考えて、言動に慎重になる。ところが誰も見ていないと、欲望のなすがままに勝手なことをする。赤信号でも人が見ていなければ平気で横断したり、物を拾った時でも、人が見ていなければ猫ババするというようなもので、独りでいる時に慎むというのがいかに難しいかを「小人間居して不善をなして至らざる所なし。君子を見て、而して後に厭然（がっくり）としてその不善を揜《おお》ひてその善を著わす。……故に君子は必ずその独を慎む」（『大学』伝六章）と言っているわけだが、このように慎独を身に体した人こそ、人格の完成した君子である。したがって、

独り処《お》るとき能く慎まば、物に接する時に於いて、太《はなは》だしくは意を着けずと雖も、而も人自ら容を改め敬を起さむ。（同前、一五二）

と述べるように、慎独の君子は、特に気を配らなくても、人はその人に会えば自然と態度を改め、尊敬の念を起すようになるだろうと言う。

敬う心が失われていくことを嘆く前に、独を慎む修養、それは取りも直さず主体性を確立することで、外からの誘惑に耐える力を養うこと、それは敬であり、妄念を截断するものである。そのように自己に厳しい人間ともなれば、自ずと反省する謙虚な心も養われ、他を敬う心も生れてくるであろうと思うのである。他を敬うこと、それは他の存在を自己と同じように一個の人間として認めることであり、それこそが真の意味の平等であると思うのである。そのように他の人を

敬すれば則ち心精明なり。（同前、一五七）

となって、心は純粋明快で人間性の回復につながるようである。

14

義は我に在り、窮理もまた我に在り

博多湾の中に和白干潟《わじろ》という処がある。浅瀬になっていて、沢山の生物が生息し、それを目当てに沢山の渡り鳥や野鳥が飛来しているのが、ＮＨＫのＴＶ番組「生き物地球紀行」で放映された。それを見てあらためて珍しい鳥類が渡って来ているのを知った。

この和白干潟の沖の方に人工島を造るというので、それが豊富な生き物達に影響を与えるのではないかと、人工島計画に沢山の人が反対を叫んでいる。人工島が湾内の自然にどのように影響するかの環境アセスメントを十分に考慮することが求められるのである。

さて、人間と自然との関係について大雑把に言うと、西洋の思想は合理的で対自然的であるのに対し、東洋の思想は非合理的で没自然的であるのが特徴であると言われる。わかりやすく説明すると、西洋の合理思想は科学文明を生み、自然と対決することで自然を征服し、自然を人間に従わせてきた。その際に、山を崩し、川を堰止め、森林を伐採し、鉱物を採掘することによって人々に利し、人類の文化を発展させてきた。これに対して東洋の思想は、人々が自然とと調和し、自然の中に自らを生かし、自然を自然のままに受け入れ、人間も自然の中の一部であると考えて生きてきたというのである。したがって、そこでは科学的に後れる面がおのずから伴い、人類の闘争の歴史の中では一歩ひけをとってしまった。そこでわが国は、明治維新以来西洋の合理思想を強力に摂取して、今日の繁栄をもたらすことになった。

幕末における西洋の科学的合理思想を移入しはじめた時代の状況を、佐藤一斎は次のように言う。

泰西の説（ヨーロッパの学問）、**すでに漸く盛なる機有り。その所謂窮理は以て人を驚かすに足る。**（中略）**且つその出す所の奇技淫巧は、人の奢侈《しゃし》を導き、人をして覚えず駸駸然《しんしんぜん》としてその中に入らしむ。学ぶ者、当にまた淫声美色を以てこれを待つべし。**

（『言志録』一六九）

当時、ヨーロッパからの蘭学だけでなく、イギリスやフランス、また黒船によるアメリカと、外国から入ってきた学問が盛んになる気運がみなぎりはじめた。その西洋の学問の窮理つまり理を究める自然科学は、当時の日本人を驚かせた。その科学的発明による奇技(珍しい技術)や淫巧(欲望を刺激する魅惑的な製品)は、人々を華美贅沢に導き、知らず知らずのうちにこの物質文明の産物のとりこにしてしまう。したがって、学問をする者は、この西洋の学問による物質文明を淫声美色(人の心をとろかす音楽や美人)として対処しなければならないと警告しているのである。

物質文明は、より多くの人をより豊かにするという大きな恵みを与えたことは確かである。それに大きな評価が与えられ、また評価してきている。しかし今日のように物質文明の豊かさを享受する器はあっても、その器の主宰たる精神(心)の方も、ともに充実していないと歪みが出てくる。つまり科学的合理主義がすべてを支配すると、そのために人間の精神が犠牲にされる面がある。そこで一斎は「窮理」について『易経』の説卦伝を引いて次のように言う。

窮理の二字は『易(経)』の(説卦)伝に原本す。道徳に和順して義を理《おさ》め、理を窮《きわ》め性を尽し、以て命に至ると。故に吾が儒の窮理は、ただ義を理むるのみ。義は我に在

り、窮理もまた我に在り。　（同前、一七〇）

原本とはもとづくことで、窮理とは道徳に調和順応して義理に違わぬよう心がけ、天下の道理を究め、人間の本性を知り尽して天命を知る境地にまで至ることだと説卦伝に言うように、自分達儒学を学ぶ者の窮理というのは科学的に理を究めることではなく、この世の中に生きる人間の生き方において、正しい在り方（義）を究めることであり、それは自分自身に在る問題だから、窮理もまた自分の心の問題なのである。

文豪夏目漱石は、「あの雲雀を聞く心持ちになれば微塵の苦もない。菜の花を見てもただうれしくて胸が躍るばかりだ。蒲公英《たんぽぽ》もその通り……こう山の中へ来て自然の景物に接すれば、見るものも聞くものも面白い」（『草枕』）と、自然と一体となる喜びを描いていて、その後に陶淵明の「菊を採る東籬の下、悠然として南山を見る」の句を引いて、「ただそれきりの裏に暑苦しい世の中を丸で忘れた光景が出てくる。垣の向ふに隣りの娘が覗いている訳でもなければ、南山に親友が奉職して居る次第でもない」と述べて東洋の詩に描かれた精神を説明している。

北宋の思想家程明道は、「万物一体の仁」と言って、万物一体論を説いたが、この考え

を継承して一斎は、

試みに思へ、天地間の飛・潜、動・植、有知・無知、皆陰陽の陶冶の中より出《い》で来《きた》るを。我もその一なり。易を読み理を窮め、深く造《いた》りてこれを自得すれば、真に万物の一体為《た》るを知らん。

（『言志晩録』二〇）

と言う。地球上に存在するあらゆる物は、陰陽二気の集合凝縮することより生み出されたもので、人間もその一つである。『易経』を読むことで理を窮めて、深く自得する時、万物が一体であることを理解するであろうと。

西洋的窮理である合理的、科学的思考で発展してきたからには、それとともに東洋的窮理である、我に在る義を理める、すなわち人間としての正しい在り方を究め、そこに没自然的な、自然と調和していく生き方が併せ求められる必要があろう。

人間だけの地球、人間だけの自然ではないのである。人間は万物の霊長であると言われるけれども、自然の中の一つの生き物である。そういう意味での一個の人間としての自己を窮めることから考えを及ぼしていく必要があると思うのである。

15 邦を為《おさ》むるの道は教と養との二途より出でず

四月八日、細川首相は資金運用の問題を機に首相を辞任することを表明し、後継首相には、一七日間の複雑な経緯を通じて、四月二十五日の国会で、羽田副総理・外相が第八十代の首相に指名され、その後は少数与党という困難な内閣が発足した。

このようなことについて佐藤一斎の次のような言葉がある。

人君は国を以て党を為す者なり。苟《いやしく》も然ること能《あた》はずんば、下各々自ら相党せん。是れ必然の理なり。故に下に朋党有るは、君道の衰へたるなり。乱の兆《きざし》なり。

（『言志録』一七六）

と言う。この言葉の前に、『易経』の哲学的解釈である「繫辞上伝」の「方は類を以て聚《あつま》り、物は群を以て分る」（あらゆる事柄は、それが赴く方向の、その類を同じくするもの同士で集まり、またあらゆる物は、その群れを同じくするもの同士に分かれている）という言葉があり、これに現実の政情を合わせて論じた文なのである。

この人君とは、現代の日本に置き換えれば首相に当たると思うので、前掲の文をそのように考えて解釈すると、その国の政治をあずかる総理大臣は、一国全体を一つの助けあう仲間のような、まとまった人々の集団とすることのできる人である。もしもそうすることができなかったら、下々の人々は、皆各人各様の党派を作って争いあうのは必然の理である。そういう理由で、下々に党派ができるのは、一国を治める政治の道が衰えたからで国家が乱れる前兆であると。

この文にある「党」という字は、「君子は党せず」（『論語』述而篇）とあるように、「党」は身びいきすることと悪い意味に解して、君子たるものは身びいきはしないとするのが一般的解釈であるが、朱子は『論語集註』のこの部分に注して、「相助けて非を匿《かく》すを党と曰ふ」としている。

一斎は幕府の儒官となるような人であるからには、官学である朱子学を身に体していた。したがって、この党も、朱子の注のようにお互いに助けあって、悪い事が出てきた時には、それを隠して庇《かば》いあうような人間関係と解されるので、前述のように解釈したわけである。だが一方、宋代の政治家欧陽修が「朋党論」を書いているように、これは今日の派閥争いの党派であり、私的・利己的な面で庇いあう人間関係のつくり出したものである。

しかし、派閥や党派ができるのは悪いことではない。というのは、もし一つの派閥、一つの党派しかないというのでは、それはもう派閥でも党派でもなく、全体主義、独裁専制主義にほかならないからである。考えの方の異なる人々がその仲間でグループをつくる時、政治家であるなら政策を論じあい批判しあって、より良い政策にするためにも必要なのであるが、利己的に自己の派閥や党派のみの利益や存続を考えて、他を抹殺しようと争う時に弊害が出てくるのである。したがって、そのような党派争いに政治が明け暮れる時に、国の乱れが生じるのである。

こう考えてくると、国を治める人の資質が問題であり、またその方法も問題である。一斎は国を治める人君についての言及が多い。二、三挙げると、

聡明にして重厚、威厳にして謙沖、人の上たる者は当に此の如くなるべし。

（同前、七九）

人主、事毎に私《ひそか》に自ら令すれば、則ち、威厳を少《か》き、有司を歴《ふ》れば則ち人これを厳憚す。（同前、八二）

下情は下事と同じからず。人に君たる者、下情に通ぜざるべからず。下事は則ち必ずしも通ぜず。（同前、八四）

邦を為《おさ》むるの道は、教と養との二途より出でず。教は乾道なり、父道なり。養は坤道なり、母道なり。（同前、一七八）

人君、つまり為政者の資質が聡明にして重厚、威厳がありながらも謙虚であるのは当然で、『言志録』にも「人主は最も明威なるを要す」（二五四）と言っている。また方法として下々の人情、つまり民衆の気持を理解することも同じ『耋《てつ》録』に「人君為《た》る者、宜しく下情に通ずべきは、固よりなり」（二五二）とある。

この民衆の気持を理解することは『大学』の「民を親しむ」（朱子は親を新として、民を新たにすると読むが、ここは王陽明の『大学問』の読み方に従う）ことで、陽明は「百姓《ひゃくせい》（国民）を安んずるは、便ち是れ民を親しむなり。民を親しむと説けば、便ち是れ教と養との意を兼ぬ」（『伝習録』巻上）と説いている。これは前掲の「邦を為《おさ》むるの道は、教と養との二途より出でず」につながる。教とは教育感化することであり、養とは養護保全することで、具体的にわかりやすくいうと、前者は教育することで道徳的にも目覚めさせ、後者は物質的に民を豊かにすることなのである。この教と養の二つが、国を治めるのに重要なので、これらを乾道と坤道としているが、一斎は別のところで、

知は是れ行の主宰にして、乾道なり。行は是れ知の流行にして、坤道なり。合して以て体躯を成せば、則ち知行なり。是れ二にして一、一にして二なり。

（『言志後録』一二七）

と述べて、知とは行を主宰するもの、行は知が流行することで、それが合わさって一つの形となること、つまり知行合一はとりもなおさず教・養合一で、これが国を治める道である。それは教すなわち精神文化の発展と、養すなわち物質文化の充実であり、それを成し就げさせる人こそ人君であり、為政者として求められる人であることを一斎は説いているようである。

＊細川内閣（第七十九代）から羽田内閣（第八十代）の後、村山、橋本（二回）、小渕、森（二回）、小泉（三回）、安倍、福田、麻生、鳩山、菅、野田、安倍と目まぐるしく代わっている。その年代は、細川内閣の平成五年から二十四年間であることを考えると、短命で代わっていることが良く分かる。

16 言を慎む処、即ち行を慎む処なり

先に防衛庁長官が失言で地位を失い、最近また法務大臣が南京大虐殺に関する発言で大臣の椅子から去った。

「口は禍のもと」と昔から言われているように、言葉を慎めという語は多い。『論語』にも「君子は言に訥にして、行に敏ならんと欲す」（里仁篇）とか、「君子は一言以て知と為し、一言以て不知と為す。言は慎まざるべからざるなり」（子張篇）とあって、口下手でもいい、敏速に行うことが大切なのであり、また素晴らしいひと言を言った為に賢者ともされるが、余計なひと言を言った為に愚か者にされることだってあるというのである。

ところが、人間は思っていること、特に感動したり憤慨したりするような、感情の昂ぶりが伴う時には、何としてもその感情を口にしたい衝動に駆られる。したがって、日本の古典にも「おぼしきこと言はぬは、げにぞ腹ふくるる心地しける（『大鏡』序）とあるのは、

その気持ちを述べたもので、それが止揚されて文字化されると文字作品になったりするのだが、この感情を口にし始めると、その音声が耳から再び入って感情を刺激して、いよいよ興奮してよく喋るようになる人も多い。その心情を佐藤一斎は次のように言う。

饒舌の時、自ら気の暴するを覚ゆ。暴すれば斯《すなわ》ち餒《う》う。安《いずく》んぞ能く人を動かさんや。

（『言志録』一八五）

わかりやすくいうと、べらべら喋る時、自分の気持ちが暴する（気持ちが度を過ごして荒れてくる）のを感じる。その結果は、孟子が言うように、正義や道理が忘れられて心が満たされなくなり、気持ちがしぼんでしまう。そのような心で、どうして人の心を動かし、説得することができようかと言うのである。

それで昔から、やたら喋ることについて、「言を多くする無かれ、言を多くすれば敗多し」（『孔子家語』観周篇）と言い、「多言する無かれ、多言は敗多し。多事なる無かれ、多事は患《うれい》多し」（『顔氏家訓』省事篇）と言って、多言には失敗がつきまとうのである。江戸時代、道徳教訓の書としてよく読まれた『小学』にも、北宋の宰相・范質が、甥の范杲《はんこう》を戒めた詩に「爾《なんじ》に戒む」として六項目あげている最後に「多言すること勿れ、多言は衆の忌む所なり。苟くも枢機を慎まずんば、災厄これより始まる」（嘉言篇）と載せている。

一斎は口の働きについて、一つは言葉を発すること、二つ目は飲食をするためのものとして次のように言う。

人は最も当《まさ》に口を慎むべし。口の職は二用を兼ぬ。言語を出し、飲食を納る、是れなり。言語を慎まざれば、以て禍を速《まね》くに足り、飲食を慎まざれば、以て病を致すに足る。諺に云ふ、禍は口より出で、病は口より入る、と。（同前、一八九）

口の役割は、喋ることと食べることであるが、両者とも慎まないとロクなことにならないのは周知の事実である。『易経』にも「君子は以て言語を慎み、飲食を節す」（頤卦、象）と言い、宋の名臣、富弼《ふひつ》は座右の銘に「口を守ること瓶の如く、意を防ぐこと城の如し」（『宋名臣言行録』後集、巻二）と書き、明の官僚思想家・呂坤《りょこん》は「学問は心を澄ますを以て大根本となし、口を慎むを以て大節目と為す」（『呻吟語』問学篇）と発言に慎重にすることをモットーとしている。

そうは言うものの、現代は積極的に自己主張する時代である。したがって、寡黙で意思表示をしないでいるわけにはいかない時代であり、それどころか積極的に発言する時代なのである。ただ無駄なお喋りをする必要はないということである。そのことを一斎は、

言語の道は、必ずしも多寡を問はず、ただ時中を要す。然る後、人その言を厭《いと》はず。

（『言志耋録』一九二）

と述べて、言葉の多い少ないの問題ではなく、時中、つまりその時のその場にぴたりと当てはまって過不及のない発言が必要なのである。これをもう一歩踏みこんで次のようにも言う。

簡黙沈静は、君子固《もと》より宜しく然るべきなり。ただ当に言ふべくして而も言はざるは、木偶《もくぐう》と奚《なん》ぞ択ばん。故に君子は、時有りては、終日言ふとも口過無く、言はざると同じ。要は心声の人を感ぜしむるに存るのみ。

（同前、一九五）

簡黙沈静、つまり飾り気なく口数も少なく、そのうえ落ち着いて静かなのが、君子の態度として当然の在るべき姿であるが、ただ言わねばならない時に言わない人は木偶（でく）、木で作った人形と何ら変わらないだろう。そう考えると、君子は必要な時には終日喋ったとしても失言することもなく、言葉を発しないのと同じである。

重要なことは、心の内面を表した言葉が人を感動させることなのである。それには言葉が行動を伴った口先だけのものでないことが大切である。言葉に行動を伴うという重みを持たせると、そうやすやすと発言するわけにはいかない、慎重にせざるを得ないのである。

それを一斎は、

言を慎む処、即ち行を慎む処なり。

（『言志録』一八六）

と述べる。陽明学を奉ずる佐藤一斎は、その主張である「知行合一」を掲げるからには、言行一致は当然の前提である。このように言行に慎しむことを日頃から身につけるよう努力していれば、失言によって地位を失うようなことはなかったであろうし、まして人の上に立ち、人を導くような人には、この言葉の意味するところが求められるのは当然なのである。

17 一時の利害を捨て、久遠の利害を察すべし

最近の政権の変動の目まぐるしさは、全く驚くばかりである。今まで一つの党の下に仲間として助けあっていた人たちが分裂して新しい党をつくったり、戦後仇敵の間柄であった保守党と革新党が手を繋ぐというように、全く予想さえしなかった分裂・再編劇が行われた。それを権力抗争だ、野合だと批判する向きもあるが、それはともかくとして、日本の世情に新しいものを求める趨《すう》勢が増大していることの反映であろう。これは東西の冷戦構造が崩壊していったその動きが、日本の国内にも波及してきたためのようである。

このように時世が変化する時にどのように対処すればよいか、幕末の変動期に政治の枢要なポストで諮問に答えた佐藤一斎の言葉に、次のようなものがある。

虚・実、強・弱を弁じて、而る後に剤投すべし。時世・習俗を知って、而る後に政施

すべし。

（『言志録』一七九）

この文の前半は人の健康についての言葉で、病人の体質が虚弱体質であるか、強健な体質であるかを判断して、それに応じて薬は与えるべきであるというのであるが、そのように（政治においても）その時代とその習俗をよく知った上で政治上の施策をすべきであるという。

したがって、今日、外国から貿易の収支について黒字を減らせと要求されたり、減税して内需拡大することを外国に公約させられたりしているが、それらのことについてもわが国の国情や国民性を考えた政策を施さないと、国民は政治について行かないと言っているのである。そしてその時、その場では、いかにもよさそうに見えていても、長い目で見た場合にどうであるかが問題なのである。それを一斎は、

一物の是非を見て、大体の是非を問はず、一時の利害に拘《かかわ》りて、久遠の利害を察せず、政を為すに此《か》くの如くなれば、国危し。

（同前、一八〇）

というのである。一つの物事の正しいか否かだけでなく、全体的に正しいかどうか判断することをせず、一時の利害得失に拘泥して、将来にまでわたる利害得失を見究めないで政治をしたなら、そういう国は滅亡の危険があるという。

したがって、大は大なりの立場で、小は小なりに先まで見通す必要を中国の古典に、「家を以て家を為《おさ》め、郷を以て郷を為め、国を以て国を為め、天下を以て天下を為む」(『管子』牧民篇)と言うように、それぞれの方法があるのだ。そう考えると、わが国ではわが国の立場でということになるが、一方で世界の国々の一員であるからには、その立場からも考えていかなければならないのも当然なのである。

こう考えると、政治家たる者は、ただ政争に明け暮れ、分裂・再編に身をやつしてばかりいてはならないのである。とくに政治の枢要な地位に就く人は、自国の世情から外国のそれまで、その間の正しい関係を熟知したバランス感覚を持たねばならないのである。これが政治家としての良識であり、それを持つ努力をしなければならないのだ。この良識という語はフランス語のボンサンス(bon sens)の訳語で、英語に当てるとグッドセンス(good sense)つまり〝よい感覚〟ということで、バランスのとれたよい感じとしてぴったりの語だ。そして一斎は政治家の資質として次のようなものが必要だと説く。

政《まつりごと》を為すに須らく知るべきもの五件あり。曰く軽重、曰く時勢、曰く寛厚、曰く鎮定、曰く寧耐、是れなり。

（『言志後録』七九）

軽重とは何が重要で何がそうでないかの判断、時勢は世の中の動き、寛厚は政治家としての度量の大きさと人間性、鎮定は国民を安心させるだけの人望、寧耐は穏やかで忍耐力のあることで、これら五つを熟知することであると言い、この文の後に、

賢（人）を挙げ（登用し）、佞（ゴマスリ）を遠ざけ、農を勧め、税を薄くし、奢（侈）を禁じ、倹（約）を尚び、老を養ひ、幼を慈む等の数件の如きは、人皆これを知る。

（同前）

と述べて、これらは当然のことであって、これらの上に前述の五つのことが必要であるというのである。そして現実に政治家として執務する場合には、次のようなやり方をしてほしいという。

寛にして而も縦《ほしいまま》ならず、明にして而も察ならず、簡にして而も粗ならず、果にして而も暴ならず。この四者を能くせば、以て政に従ふべし。

（同前、一八八）

わかりやすくいうと、民には寛大な態度で接するが、それかとて放縦、つまり身勝手なことはさせない。明確にはするが、だからといってあまり厳密に追及して調べることはせず、簡素にするからとて粗雑ではなく、果敢に実践行動するが、乱暴に力で押しまくるようなことをしてはならないというようなやり方で政務を執れ、というのである。

これは北宋の文人政治家欧陽修の政治に対する態度の「（欧陽文忠）公の政を為すや、鎮静を以て本となり、明なれども察に及ばず、寛なれども縦に至らず、吏民これに安んず」（『宋名臣言行録』後集、巻二）とある言葉に符合するのである。

現代の国民は権利の主張には積極果敢であるが、義務や責任の遂行となると消極的である。そのような国民に、寛にして一物の是非だけを見て目前の利害に拘泥していると、久遠の利害を察することができなくなり、国家百年の大計は成就できなくなることを一斎は警告しているのである。

18

理到って人服せざれば、君子必ず自ら反《かえり》みる

国会中継を聴くのは面白い。とくに首相の施政方針演説に対する代表質問は、その党のエースが秘策を練り、命運をかけて闘うのだから議論が白熱し、拍手とヤジが交錯する。とりわけ現在の国会は、過去の歴史では考えられなかった保守と革新の合体した内閣だけに、そのイデオロギーの転換を追及する厳しい質問に、いかに対処するかなど、答弁のあり方にも興味尽きないものがある。

このように議論をする時に、どうしたら相手が納得するか、納得するためには、どのように話したらよいかが問題であるが、従来日本人は欧米人に比べて議論が下手である。それは日本人が、「甘えの構造」をもった国民である（土居健郎『甘えの構造』）と指摘されているように、話す相手にこちらの意とする所を付度して理解してくれるのではないかと期待するところにある。客として招かれて、コーヒーを御馳走になった時、主人が「もう一

杯いかがですか」と言うと、たとえ飲みたくても「いや、結構です」と答え、心では主人が「そんな遠慮せず、もう一杯いかがですか」と言うのを待っていて、そう言われてはじめて「それではもう一杯いただきます」と言うのである。このように相手の意を汲んだり、思惑を考えて言うのでは本当の議論ではできない。

戦後、欧米の思想や文物が日本に押し寄せ、それを吸収した現代人は積極的に発言するようになり、論理を駆使して理づめで話すような人もでてきた。昭和四十年代に起きた大学紛争の時には、学生は理論武装をして管理者側や教授達に大衆団交なるものを要求してきた。その頃のことを思い浮かべる時、佐藤一斎の次の言葉が思い出される。

理到るの言は、人服せざるを得ず。然れどもその言に激する所有れば則ち服せず。強ふる所有れば則ち服せず。挟《さしはさ》む所有れば則ち服せず、便ずる所有れば則ち服せず。

（『言志録』一九三）

と、一斎は言う。わかりやすくいうと、道理の行き届いた言葉、つまり論理的に筋道立った議論には、誰も従わないわけにはいかないけれど、もしその言葉に、感情的な激しいところがあると、聴く人は（その論理的な面には注意せず、感情的に反発して）服従しなくなる。また無理強いしたり、後ろ盾になっている人を鼻にかけ、何かの都合にかこつけて言うようなことがあると、人は納得しないのである。そして一斎はこれに続けて、

凡そ理到って人服せざれば、君子必ず自ら返りみる。我れ先づ服して而る後に人これに服す。（同前）

と述べて、一般的にみて、道理に適《かな》って筋道として正しいことを言っているのに、聴く人が服従しない時は、（喋っているその当人に問題があるので）君子と言われる立派な人は、必ず自分自身を反省し自分が納得して、そうしてはじめて人も納得し、服従するのである。したがって、立板に水を流すように、流暢に話すのが必ずしも印象深く感銘を与え納得するとは限らない。却ってとつとつとして話しても、心から深く理解され印象を残し、感銘を与える人もある。要はその話す人の人柄や行動に関係しているのである。『中庸』にも「言は行ひを顧み、行ひは言を顧みる」（十三章）と述べて言行一致に関する反省が求められているし、孔子は君子には九種の思慮することがあると言う中に、「言には忠を思ひ、事

には敬を思ふ」（『論語』季氏）と述べて、言葉は忠（まごころをつくし）、事を行ふには敬（つつしみうやまう）を考えて行えと言うのである。

話変わって、古代中国（神話の時代であるが）の聖王に禹《う》という人がいた。禹は治水の功績によって舜から位を譲られて夏王朝を開いた人であるが、その禹の業績は『書経』の「大禹謨」や「禹貢」に記されている。これらの言い伝えを聞いて『孟子』には「子路（孔子の弟子）は人これに告ぐるに過ち有るを以てすれば則ち喜び、禹は善言を聞けば則ち拝す」（公孫丑上篇）とあり、この「善言を拝す」を一斎は解釈して次のように言う。

禹《う》は善言を聞けば則ち拝すと。中心に感悦して、自然に能く此くの如し。拝の字最も善く状せり。猶ほ膝の覚えずして屈すといふがごとし。

（『言志録』一九四）

『書経』や『孟子』にあるように、禹王は善い言葉を聞いた時は、それを言った人を拝んだと述べているが、禹王は心から喜びを感じて自然にそういうことができたのであろうと一斎は想像し、そこに禹王の心の純粋さ、素直な人柄を見てとっている。そして拝むという字に、膝が知らず知らずに曲がって拝む形、つまりそのような態度をとったと想像しているのである。前述の子路も、人から過ちを指摘されては、感謝して喜んで改めたことを述べているが、このように素直に他人の意見を受け入れることは非常に難しい。我々は意見されたり文句を言われると、どうしても弁解し、自分を繕ろうことをまず考えるものである。

さて、話を最初に戻して、我々は話をしたり議論するには、ただ論理として正しい筋道で説くだけでなく、当の本人の人間性に、相手に納得させるだけの人格的な要素が必要であるようだ。だからもし相手が、正しい議論をしても従わない時には、自分を反省して、相手に信頼され、そうして善いことを言った時には、拝まれるような人になるよう修養努力する必要があると一斎は説いているようである。そのようになると反対のための反対や議論のための議論はなくなり、いかに白熱した論議でも、双方の良しとする所を認めあい、最善の所に落ち着くであろう。

19
教育は天に事ふるの職分なり

中国の古典『管子』（権修篇）に、

一年の計は穀を植うるに如くは莫《な》し《し》く、
十年の計は木を植うるに如くは莫く、
終身の計は人を樹うるに如くは莫し。

という言葉がある。国を治めるに当たって、一年間の計画で利益をあげようとするには、穀物を植えるのがよいし、十年間の計画では木を植えるのがよい。しかし人が一生をかけて計画を立てるのでは、人材を養成するのが最もよいというのである。すなわち国家百年の大計というのは、目先の利害にとらわれずに、人材の育成こそ大切だというのである。

この人材の育成に欠かせないのが教育である。「教育」という言葉の出典の最も古いものは『孟子』（尽心上篇）の「君子に三楽あり」で、その第三の楽しみに、「天下の英才を得てこれを教育するは三の楽しみなり」と述べる所に登場するのである。孟子については「孟母三遷」や「孟母断機」（ともに『列女伝』の話）という故事があるように、教育ママであった母とのエピソードが後世作られるように、教育に関しての縁は深いようだ。それはさておき、教育の対象は英才ばかりではない。いろいろな人がいるわけだが、そういう点について佐藤一斎は、

人の受くる所の気は、その厚薄の分数、大抵相若《あいに》たり。躯の大小、寿の脩短、力の強弱、心の知愚の如き、大いに相《あい》遠ざかる者無し。その間に一処の厚きを受くる者有れば、皆これを非常と謂ふ。

（『言志録』一九九）

と述べる。中国の伝統的考えからすると、人は天から気を受けて生まれてくるとされ、その気の質、つまりその気が清らかであるか濁っているか、その量が多いか少ないか、などによって人間に差ができると考えられていた。ちなみに言うと、この気とは物質の根源的

な、原子のようなものと考えられており、元気、浩然の気とか勇気の気とかいうようなもの、今日のはやりの気功の気もそうである。

一斎は、この気を、天から人々が分け与えられた量（分数）から考えると、普通の人間では皆似たり寄ったりでたいして変わらないという。体格が大きいとか小さいとか、寿命が長いか短いか、また肉体的な力の強い弱い、頭脳が聡明であるか愚鈍であるかなど、皆それほど大差ないと考えているのである。ところがその間に、一つでも気の厚いものを受けた、つまり特別の才能があるとそれを非常・非凡の人だというが、そのような天賦の才を持った特殊な人は除いて、ここでは常人、普通の人に対して一斎は論を先に進めて次のように言う。

常人の如きは、躯と寿と力との分数、これを奈何《いかん》ともすべからず。独り心の知愚に至りては、以て学んでこれを変化すべし。（同前）

佐藤一斎は『言志録』の冒頭の条でも述べているように、すべてのものは天命によって定まっているという運命論を持っていたので、ここでも体の大小、寿命の長さ、体力など、その人が持って生まれてきたものについてはどうすることもできないが、変えることができるのは心の知愚であり、学ぶことで変えられるという。学ぶこと、つまり教育によって天賦の才ある非常（常に非ざる、常人でない）の人に近づけるとする。その方法はというと『中庸』第二十章の「博学・審問・慎思・明弁・篤行、……人一《ひと》たびしてこれを能くすれば、己《おの》れはこれを百たびす。人十《と》たびしてこれを能くすれば、己れはこれを千たびす。」という方法を持ち出している。これは他の人が一回することを自分は百回、他の人が十回すれば自分は千回、つまり人よりも百倍の努力をすると可能だというのである。

この儒教の特色である努力主義が、今日の日本人の勤勉さ ―― 最近はこの勤勉さも様変わりしているというが、それでも日本人の根底に流れていると思う。そして一斎はこのような努力をやり通せば、「愚なりと雖も必ず明に」なると言い、「以て漸く非常の域に進むべし」と言う。ただ「常人は多く遊惰にして然する能はず」（すべて同前）とも述べて、すべての人が努力できるわけではないとも付言している。

ただむやみやたらに勉強しても、身につかない。疲れるだけでそこにはおのずからそれに見合う時と限度があるという。それを一斎は植物の育成にたとえて次のように言う。

草木の移植には必ずその時有り。培養にはまたその度有り。太《はなは》だ早きこと勿《なか》れ、太だ遅きこと勿れ、多きに過ぐること勿れ、少なきに過ぐることなかれ、子弟の教育もまた然り。

（『言志後録』一四七）

教えるには、早すぎても遅すぎても、多すぎても少なすぎてもいけないという。また「内に賢父兄なく外に厳師友なくして、能く成ることある者少なし」（『宋名臣言行録』後集、巻八、侍講呂希哲）とあるように、周囲に良師がいない時は才能が発揮できないことを、また植物にたとえて、

草木の萌芽は必ず移植してこれを培養すれば、すなはち能く暢茂条達す。子弟の業におけるもまた然り。師に他邦に就きてその櫜籥《たくやく》に資せしめ、然る後に成る有り。

（同前、一四六）

と述べて、移植して育てると枝が伸び繁茂するように、子弟の教育も師を求めて他国へ留学すると学業が成ると言い、その後に、親元で甘えて狭い世界でゴロゴロしていては才能

が伸ばせないと述べている。このように一斎が教育に力を入れるのは、

能《よ》く子弟を教育するは一家の私事に非ず。是れ君に事《つか》ふるの公事なり。君に事ふるの公事に非ず。是れ天に事ふるの職分なり。

（『言志録』一三二）

で、教育こそ天の職分だからである。この教育の結果が、国の、ひいては世界の未来を左右することになるからである。わが国が先進工業国として経済大国として世界に冠たる位置にあるのは、教育立国であることの結果であることを思うとき、教育が天に事《つか》うる職分であるという言葉の重みがわかるのである。

20

深夜闇室に独坐して反観すれば、自ら照すものあり

街を歩く時、ジュースの空き缶やドリンク剤の空き瓶が、たくさん道傍に投げ捨てられているのを見るにつけ、何と身勝手な人の多いことかと慨嘆させられる。特に何かの祭りやイベントが行われた後は、そこら中がゴミの山である。私が以前勤めていた大学は、日本武道館の近くにあったので、九段の坂を登り下りしていた。そして日本武道館で何かのコンサートやイベントのあった翌朝は、それを痛感したものである。

身勝手なことをする。そこには自分を見つめ、自分のしたことを反省することがないからなのであろう。いや反省することがないのではなくて、反省する機会がなかったり、叱られて反省させられるような育てられ方をしなかったのであろうか。現在学校では新入生に対し、会社では新入社員に対して研修がよく行われているが、その日程の中にはよく坐禅や暗い部屋に黙坐して自己を見つめさせることをしている。私も学生を引率して暗い部

屋に黙坐させることをした経験が何度もあったが、若者はこういう暗い部屋で瞑目して自分について考えたことを、研修後の感想文で、非常にいい経験をしたと心情を吐露している。大人が考えるほど若者の心は汚れていない。私達が予想する以上に若者は暗い部屋で瞑目黙坐することによって自分を見つめ、何かを得ているようだ。

昔から坐禅をして心を無にし、儒者は静坐をして心を集中している。心を無にするのと心を集中するのは全く反対の方法であるが、行き着く所は自己確立という一点であろうと思う。

私の研究している幕末の陽明学者池田草庵（一八一三―一八七八）もよく静坐をしている。彼の日記である『山窓功課』には沢山の「黙坐澄心」とか「黙坐修静」という言葉が並び、そこにとれだけの時間坐ったかが記録されている。その結果、草庵は但馬聖人と仰がれる人物となった。この草庵の師が佐藤一斎であり、一斎はこの坐ることについて『言志録』の中で次のように述べている。

深夜闇室に独坐すれば、群動皆息《や》み、形影倶《とも》に泯《ほろ》ぶ。ここに於て反観すれば、ただ覚ゆ、方寸の内、烱然《けいぜん》として自ら照すもの有り、あたかも一点の灯火闇室を照破するが如くなるを。

（『言志録』二二四）

一斎の息子佐藤立軒の書いた一斎の行状には、「先子（父）畢生志を立つ。故に心を道義に致し、祁寒《きかん》暑雨と雖も、未だ嘗て懈怠《けたい》せず、（中略）家に居ること甚だ少し。その著述は則ち大抵夜中に成す所。毎夜明燭煌々として、襟を正して端坐し、或は五更（夜明け近く）に至りて寝に就く」とあるような生活の中でのことなのである。つまり深夜、暗い部屋で独り坐っており、諸々の動くものも皆静まって夜はしんしんと更けていく。そうしているうちに形や影は皆意識の外に消え失せていき、その中で反省すると、方寸（心）の中にはっきりと自分を照らすものがあることを感じるというのである。それはまるで一点の灯火が暗い部屋を照らすかのようで、自分の本心、自分の本体を意識すること、つまり自己確立である。そしてこれに続けて一斎は次のように述べる。

認め得たり、これ正にこれ我が神光霊昭の本体にして、性命は即ちこの物、道徳は即ちこの物、中和位育に至るも、またただこれこの物の光輝、宇宙に充塞する処なるを。

（同前）

ここに述べる所は『中庸』をふまえて述べているため分りにくいので解釈をすると、「これこそ正に我が精神の霊光の本体であることがわかる。性命とはつまりこれであり、道徳もまたこれである。そしてこれが適切に行われて天地自然は秩序正しい状態になって万物が生成していくようになる時には、この精神の本体が宇宙に充ち満ちる処となるであろうということになる。自分を見つめ、それが自分ばかりてなく宇宙にまで認識を拡大していく所に儒教の広さがある。

この自己集中から自己確立というものを、北宋の思想家謝上蔡（一〇五〇―一一〇三）は敬という言葉で把え、「敬とは常惺惺の法」（『上蔡語録』）と言い、いつも自分に目覚めることとしている。そしてこの言葉は瑞巌和尚の「毎日自ら主人公と喚び、また自ら応諾す。乃ち云《いわ》く、惺惺着。諾。他時異日、人の瞞を受くること莫れ。諾諾」（『無門関』十二則）にもとづいていると朱子は述べている。つまり瑞巌和尚は自分に向かって惺めているかと自問自答する中に、自己の確立を求めているのである。しかし『無門関』の著者無門慧開は、これはまだ禅者としての悟りではないと批判しているが、禅の悟りは不立文字というように言葉では解きがたいものがあるので、興味ある人は『無門関』を繙《ひもと》いて理解していただきたい。私がここで述べたいのは、自分に目覚め、自己確立する、つまりソクラテスの言う「汝自らを知れ」ということに務めることである。
一斎は晩年、

坦蕩蕩の容は、常惺惺の敬より来り、常惺惺の敬は、活潑潑の誠より出づ。

（『言志耋録』九二）

と述べて、心が落ち着き、ゆったりとした生活態度というものは、心が常に目覚めて、自覚を持った敬より来ており、それはまた生き生きとした誠実な心に根ざしているというのである。

現代は多忙な時代であり、その多忙さに押し流されて自分を見失いがちである。その時その場における欲望に克《うちか》つことは非常に難しいが、それを成し遂げる自己を確立することが肝要なのである。今日物質的に豊かになったからには、それぞれに見合う精神的豊かさ、つまり余裕が求められるのであり、先ずできることは、根本にある自己を見つめ直すことであり、そのために瞑目黙坐して反観することで自己を取り戻し、自己を確立することが必要な時代なのである。

21

忍は道の至れる者に非ざるも喫緊寧耐《きっきんねいたい》と做《な》すは可なり

「私は孤独を愛する」などという言葉は、最近ついぞ聞かれない。それどころか一人淋しく押し黙っていたり、考えこむような態度の生活をしていると、「あの人はクライ」とか「ネクラだ」というレッテルが貼られ、仲間はずれにされてしまうような風潮の世の中だ。

受験生などは、孤独との闘いの中で勉強する生活が待っており、それに耐え忍ぶことで人間としてひとまわりも、ふたまわりも精神的に大きく成長するはずなのだが、大抵の受験生はラジオやCD、レコードなどの音楽を友として、孤独と闘うことを回避しているように見受けられる。

しかし学問にとって、いや学問だけでなく人間の成長の中で孤独が大切なことは、「大発見するには普通の人には体験できないような集中力と孤独が必要なようである」(『天才の勉強術』)と木原武一氏は、ニュートンが己の天才を発揮する際の要素として挙げており、さらに「孤独は人間にとって重大なひとつの試練であり、この試練こそ人間の能力を育てる絶好の機会でもある」（同前書）と述べるのであるが、孤独であることが重大な試練と述べられるように、孤独は人間にとって如何に厳しく、忍耐力のない者にとっては過ごし難い状況であるかがわかる。

この孤独などに耐え忍ぶということは、現在の日本人にとって苦手なものになってきたことは、物質的に豊かになった結果、何でも安易に手に入るため欲望を抑えて我慢するという生活に慣れずに大きくなってきたからのようである。

その一つの表れとして離婚が多くなった。「私バツイチよ」といとも簡単に言うような表現の中にも窺える。また一時流行した「成田離婚」などもそうであろうか。性を異にする、それも育ちや考え方から遺伝子まで異なる二人の人間が一緒に協力して暮そうというのであるから、いくら愛情があるからといっても、二人の間の相違の溝は広く深いものがある。だからお互い理解できない面があるのは当然であり、そこでお互い我慢し、耐え忍び、そして折り合いをつけなければ楽しい結婚生活などできるはずがない。それは二人だけでなく、二人を取り巻く家族についても言える。

ところで、中国の唐の時代のこと、張公芸という男の一族は、九代同居して一族皆睦まじいと評判になり、時の天子の高宗は、一族睦まじくする秘訣を張公芸に尋ねたところ、公芸は「忍」の字を百回書いて差し上げたと『唐書』（張公芸伝）にあるが、この話は『小学』（善行篇）にも引かれて我慢すること、忍耐の重要さを表す例として有名であった。このことについて佐藤一斎は次のような見解を展開している。

忍の字は未だ病根を抜き去らず。所謂克・伐・怨・欲　行はれざる者なり。張公芸の百の忍の字を書かせしは、恐らくは俗見ならん。

（『言志録』二二七）

つまり一斎によれば、忍ぶことすなわち忍耐は根本からの解決にはならないというのである。『論語』（憲問篇）にある「克・伐・怨・欲」（勝ち気・高慢・怨恨・欲望）は忍の字で抑えることはできるものだが、本当の解決ではないので、張公芸が忍の字を百回書いて高宗に示したのは俗説だろうという。一斎の何種類かある『言志録』の稿本の中に、「俗説ならん」というところを「道を知る者に非ず」と書いている。つまり忍の字を持ち出す人を道を理解している人ではないと考えていたのであるが、一斎がこの張公芸の忍を否定的に見たのは、次のような考えがあったからである。

心上に刃有るは忍なり。忍の字は好字面に非ず。ただ借りて喫緊寧耐《きっきんねいたい》と做《な》すは可なり。要するにまた道の至れる者に非ず。（同前、二二八）

忍という字を分解すると、心の上に刃がある字で必ずしもいい字ではない。ただ、この忍の字を借りて宋代の儒学者のよく使う「喫緊寧耐」（緊要なことを受け、忍耐に安んずる）ということは可能であっても、忍という字、つまり耐え忍ぶという段階は道の最高の境地ではないというのである。また稿本には「君子は忍と曰はずして克と曰ふ」と述べるところから見ると、耐え忍ぶよりも積極的に打ち克つことが大切だというのが一斎の本音である。

言い換えれば、消極的に我慢しているのではなく、積極的に自分から主体性をもって能動的に対処するのが最高であるとする。これこそ陽明学の知行合一の境地であり、それが人間本来の持つ良知の発露と考えるのである。

一斎は忍の字を消極的な態度として低く評価するが、私達はまずこの忍の段階の耐えられる人間にならねばならない。忍の重要さは「忍・激の二字はこれ禍福の関なり」（『呻吟語』存心篇）と呂坤も述べるように、耐え忍んで我慢するか、カッとして理性を失って行動

をとるかが、禍となるか幸福になるかの境い目なのである。一斎も、最晩年の書『言志耋録』には、

念を懲《こ》らし慾を塞《ふさ》ぐには、一の忍の字を重んず。善に遷《うつ》りて過《あやま》ちを改むるには、一の敏の字を重んず。

（『言志耋録』六三）

と述べているところを見ると、忍の字を敏とともに重視していることがわかる。この考えは、朱子の「言は忠信、行は篤敬。念を懲らし欲を塞ぎ、善に遷りて過ちを改む。右、修身の要なり」（『白鹿洞書院掲示』）を受けた言葉であり、朱子が身を修めるために肝要なこととして掲げたものである。北宋の思想家官僚であった呂本中が、役人としての戒めを書いた『官箴』にも「忍の一字は衆妙の門、官に当たりて事を処するに、最もこれ先務なり」と言っている。

佐藤一斎は、忍は根本的解決でないため最高の境地ではないと言いながらも、怒りや欲望を抑えるには忍は大切だというように、私達はこの世によりよく生きる時、相手の立場を考え、そして認める時、自分に「忍」の字を課することが必要なのである。

22 私欲は有るべからず、公欲は無かるべからず

エリート医師の妻子殺人事件は連日テレビ放映されてマスコミを賑わしたが、この事件に絡まっているのは男女の愛欲と金銭問題であった。ついでアジアオリンピックにおける中国選手のドーピングの問題がおこったが、これも優勝者に対する金銭的優遇が底にある。

誰しもお金は欲しい。そしてその金で欲しいものを手に入れ、物質的に豊かになることを願う。人間は生き物であり、生きている限りどうしてもこのような欲望から逃れられないのは宿命とはいうものの、それに甘んじるのでなく、この欲望をいかにうまく処理していくかが問題なのである。

この欲望についてはすでに述べたが（「第6章」）、再度、佐藤一斎の次の言葉から論じてみたい。

私欲は有るべからず、公欲は無かるべからず。公欲無ければ則ち人を恕する能はず、私欲有れば則ち物を仁する能はず。

（『言志録』二二二）

一斎は、「人は欲無きこと能はず」（同前、一一〇）と言って、欲望を肯定してはいるが、その一方で私欲は持つべきでないと考えている。私欲とは個人的、利己的欲望のことであり、これに公欲とは人々のためになることをするような、公のために利することを指しているので必要なのである。そしてもしこのような公欲がないと、他人に対して「恕する」わかりやすくいうと、思いやりをかけることだが、このようなことがなく、世の中はせちがらく住みにくくなってしまう。

この「恕」とは『論語』に子貢が「一言にして終身（生涯）これを行ふべき者有りや」と孔子に問うた時に、孔子は「それ恕か、己の欲せざる所、人に施すこと勿れ」（衛霊公篇）と答えたそれであり、また孔子が曾子に「吾道は一以てこれを貫く」と言った時に、曾子は「はい」とだけ答え、後に弟子にその一を説明して「夫子（先生）の道は忠恕のみ」（里仁篇）と答えているところに出ているそれである。この忠恕こそ孔子が徳の最高の地位に置いた仁のことであり、「それ仁とは、己 立たんと欲して人を立て、己 達せんと欲して人を達す」（雍也篇）とあることから、恕とは、人に思いやりをかけ、自分がして欲しいことを人にしてやることである。したがって、人間が私欲だけ、利己的欲望ばかりだと、「物に仁する」、つまりあらゆるものに恵みを与えることができないということになる。

しかし、人間の欲望の強いことは、

民の義に因りて以てこれを激し、民の欲に因りて以てこれに趨《おもむ》かしめば、則ち民その生を忘れてその死を致さん。（同前、一二二）

と述べるように、民を正義と欲望によって励まして民の欲する方へ向かわせるなら、民は自分の生命を賭けて戦うのである。人は欲望の奴隷となれば、道義にはずれ殺人事件までも引き起こすことは、冒頭に述べた事件を引き合いに出すまでもないことだろう。

ところで、一斎は公欲を持って人々に思いやりや恵みを与えているとどうなるかということについて、そこにも限度があることを述べて次のように言う。

惻隠《そくいん》の心も偏すれば、民或は愛に溺れて身を殞《おと》す者有り。羞悪《しゅうお》の心も偏すれば、民或

は自ら溝瀆《こうとく》に経《くび》るる者有り。辞譲の心も偏すれば、民或は奔亡して風狂する者有り。是非の心も偏すれば、民或は兄弟牆《かき》に鬩《せめ》ぎ、父子相訟《うった》ふる者有り。凡そ情の偏するは、四端と雖も、遂に不善に陥る。故に学んで中和を致し、過不及無きに帰す。

（同前、二二五）

と。この惻隠の心・羞悪の心・辞譲の心・是非の心が、それぞれ仁・義・礼・智の端（糸口）であると「四端説」を説いたのは『孟子』（公孫丑上篇）で、これらの心は、人間に両手両足があるように、この四端の心のない人は人でないと述べているのだが、一斎はこの四端の心も、偏って極端になると弊害をもたらすと説いているのがこの文である。

つまり、他人を憐み痛む心も、極端になると、民の中にはその恩恵を受けることに溺れて、かえって身を滅ぼすものが出て来る。現代に当て嵌《は》めて言うと、社会福祉が行き過ぎると皆が働かなくなり、生活保護のお金で酒を飲み、朝からパチンコ屋に行列を作るようになる。同様に不義を恥じ憎む心も極端になると、悪事を働いた人に更正の機会を与える余裕なく、厳罰に処するようになるだろうし、謙譲の心も行き過ぎると、多くの人々の中で社会生活ができなくなったり、正義も極端に振り回せば、兄弟も許し合うことができず、父子の間も訴訟事件にまで発展するようなことが起きるというのである。したがって、人間の情というものも、極端になると良いとは言えない面がある。そこで私達は学問をして中和を究め、過不及のないようにしなければならないと。この過不及（過ぎたるは及ばざるがごとし）の無いことこそ中庸であり中和つまり、儒教の生き方の特色なのである。

私達は欲望を否定することはできない。欲望を満足させるような、物質的に豊かであることは心の豊かさにもつながるであろうから、生きて行くうえで素晴らしいことである。それ故、私欲に偏することなく、公欲ともバランスをとりながら望みをかなえるよう努力する必要があろう。

「漸は必ず事を成す」（同前、二二三）と一斎はいう。漸とは少しずつということで、高い山に汗を流して一歩一歩登って頂上をきわめた時、本当の喜びを味わうように、少しずつ試練を経て獲得する時、物質的豊かさは精神的豊かさに変わって行くのである。

23

孔門の学はもっぱら躬行に在り

昨年教育界に大きな衝撃を与えたのは、愛知県の中学生のいじめによる自殺であった。そこには自殺に至るいじめがいかなるものであるかを克明に述べた遺書と日記が残されていたのである。この波紋の大きさは、いじめ問題について国会での総理大臣の発言から、各県教育委員長会議における文部大臣の要望にまで及んだ。テレビは連日この報道を特集し、マスコミあげて今日の学校教育の在り方を批判し、いじめ論議は沸騰したのである。

このいじめの底にある現代教育の抱える病根が論議される中で、現在の受験体制における知識偏重の教育が批判され、人間性回復の教育が叫ばれ、各様の提言がなされている。

そこで、佐藤一斎の言葉に耳を傾けてみよう。

孔門の学はもっぱら躬行に在り。門人の問目、皆己の当に為すべき所を挙げてこれを

質《ただ》せり。後人の経を執りて叩問するが如きに非ず。故に夫子のこれに答ふることもまた人人に異なり。

（『言志録』一三四）

孔門の学とは一斎の奉ずる儒学であり、孔子の教えである。それは身を以て行うという実践を中心としたものであり、門人が質問した項目については、すべて自分が身を以て行わねばならない点を挙げて問い質して答えたので、後世の人が経典の文章について質問したのとは違うのである。つまり孔子が弟子に答えているのは、質問した弟子の一人ひとりに対して、その弟子に適した答えを出していて、一様な答えを出しているのではない。ここに孔子の教え方の優れた点が見出される。一つは身を以て行うという実践を重視したこと、もう一つはその人本人に最も適した答えを与え、画一的な答えをしていないということである。

すなわち今日の教育問題に当てはめていうなら、生徒一人ひとりに、知識ばかりでなく、身を以て、人間としての触れ合いを通して人格教育をすることである。孔子が実践躬行を重視したことは、『論語』に「君子は言に訥にして行に敏ならんことを欲す」（里仁篇）や「君子はその言のその行に過ぐるを恥づ」（憲問篇）とあることからもわかる。

さて、儒学の規範となるものは、聖人の言行を記した経典であり、この経典を読み、その教に従うことが、儒教を奉ずる者の道であるが、佐藤一斎は、経典を忠実に墨守することを求めることはせず、次のように言う。

経の用に妙なる処、是れ権なり。権の、体に定まる処、是れ経なり。（同前、二二七）

つまり、経典の運用においての妙なる（非常に優れた）点は、それは権だというのである。この権というのは、もともと棹秤の分銅のことで、この分銅を動かして水平にして測るのであり、そこから釣り合い（バランス）をとるように、臨機応変に処置する意味となった。『孟子』に「嫂、溺るるに、これを援くるに手を以てするは権なり」（離婁上篇）とあるのに朱子は注釈して、「物の軽量を称りて往来し、以て中を取る者なり。権《はか》りて中を得《う》、これすなはち礼なり」と言い、溺れる兄嫁に親しく手で授受しないのが礼であるけれども、その場の状況に応じて、すべきでないことでもするのが権であり、礼であるという。

したがって、ここも経典の内容を時と場合に応じて運用していく、それが一つの形として定まったものが経典であるから、一つの固定観念でとらわれることなく、その時その場に応じて使い分け、応用する必要があると説くのである。それはいじめにあっている生徒に対する対処の仕方も、マニュアルに何とあろうと、その時その場に応じたやり方で臨まなければならないというように解されるわけである。経について話を戻すと、一斎は、

経書の文字は、文字を以てこれを注明するも可なり。意味は則ち当に我が心を以て透入してこれを得べし。

（同前、一三五）

と言って、経典の文字は、他の文字で解釈することはできるが、経典の意味内容は、自分の心で経典の文の中に透徹して理解しなければいけないというのである。一斎はこのことを初学者にわかり易く「経学の心得は心に得て身に行ひ、事業に施すの外なし」（『初学課業次第』）と言い、また「経を窮むるは、須らくこの心に考拠し、この心に引証するを要すべし」（『言志録』一三六）とも述べて、経典の意味を究めるには、自分の心に基づいて考え、自分の心に照らし合わせて明らかにするようにしなければならないという。

これは陽明学の心を重視した考えの上に成り立っており、また朱子の「読書はただ専ら紙上に就きて理義を求むべからず、須らく反り来りて自家身上に就きて推究すべし」（『朱

子語類』巻一一）とも符合するものである。

今日のような読書離れの時代に、経典を読んで、身を以て実践するような、また心から経典に透徹して理解するような読書は、どのようにすればよいかについて、一斎は、「句読は多く貪るにはあらず、唯、覆読より力を得るものなれば、とかく習読して暗誦する程に至るべし（『初学課業次第』）と述べ、また朱子が門人に本を読ませた時に一頁を熟読させて暗誦できるようになると、その頁を破り、次々と暗誦させては破って一部残らず破ってしまったというのを引いて、「朱門の篤志かくの如し。今、かくの如き事能はずといへども此の心得にて学ぶべし」（同前書）と暗誦するほどに読むことを勧めている。

現代はテープレコーダーの普及に伴って暗誦などというものはあまり顧みられないが、実践に結びつく真の知識を得るための読書ということを考える時、昔から言われている「読書百遍、義自ら見《あら》はる」（『魏志』董遇伝）も再認識する必要があろう。

＊小・中・高生のいじめについて、平成十六年度調査（文科省）によると三十二万三千八百件で過去最高を更新したという。多いのは小学校で約二十三万八千件で最も増加率が高い由。

24

平生、敬慎勉力して天定に俟《ま》たば則ち事必ず成る

五千人以上の死者を出した阪神大震災の巨大な地震のエネルギーに対して、現代科学はそれをコントロールするどころか、予知することさえできなかった。

現代人は科学に対して厚い信頼を抱いているが、地震や台風、また日常の天候などに至るまで、科学の力の及ばないものはいくらでもある。したがって、私たちはこのような大災害を機に、大自然に対して改めて認識しなおす必要があると思う。

そこで、考えるヒントとして佐藤一斎の『言志録』の末尾の三条をとりあげて味読してみたいと思う。

天定の数（数は運命の意）**は移動する能はず。故に人生は往々その期望する所に負《そむ》いて、その期望せざる所に趨《おもむ》く。吾人試みに過去の履歴を反顧して知るべし。**

（『言志録』二四三）

ここで一斎は、天の定めた運命とは変えられないものであって、人々の期待する所と異なる方に向かうことがあるのは、誰しも過去を反省してみると思い当たることがあるはずであると述べる。そして私たちはこのような期待に反した予測できない自然の力に対して如何にすべきかを考える時、ただ手を拱《こまね》いているわけにはいかない。やはり何らかの対策を考えなければならないのだが、そのためには、その原因の究明と結果に対する反省からの防御体制をとることが必要となる。そしてこれらを遂行するために、それぞれの方面の学問研究が求められる。それを昔は理を究めると言った。ところで一斎は、

理には測るべきの理あり。測るべからざるの理あり。これを要するに皆一理なり。人は当に測るべきの理に安んじ、以て測るべからざるの理を俟《ま》つべし。これ人道なり。即ち天命なり。

（同前、二四四）

と述べる。昔の儒者は、この世の中、世界から宇宙に至るまで、そこには根本原理である

理というものがあると考えており、その理の中には人間の力（つまり学問研究など）によって究めることのできる理、今日ふうに言えば自然科学、人文科学などの学問によって解明される理と、未だ解明されない未開拓の分野の理がある。解明された理にはそれなりの対処対策が講じられるので、そこに安心していることができるが、未解明のそれの場合はどうするか、ここが問題なのであり、一斎は、そこに人間の生き方としての道があり、それを人道と言い、天命だと言うのである。

「それは天命だ」とか「それは運命だ」という言葉には、悲壮な感じがし、諦めが伴ってくるように感じるが、一斎はそうは言わない。

凡そ事を作すには、当に人を尽くして天に聴《まか》すべし。人有り、平生放懶《ほうらん》怠惰なり。輒《すなわ》ち人力もて徒《いたず》らに労すとも益無からむ。数は天来に委《ゆだ》ねんと謂はば、則ち事必ず成らじ。（中略）人有り、平生敬慎勉力なり。乃ち人の理は尽くさざるべからず。数は天定に俟つと謂はば、則ち事必ず成る。……

（同前、二四五）

と述べて、まず人口に膾炙《かいしゃ》している「人事を尽くして天命を俟つ」（胡寅『読史管見』）という言葉を用いて、何事かを成し遂げようと思えば、それに全力を傾注して、後は運命に任すべきだとするが、それを行う人について注文をつけている。

それはその当人が、日頃、放縦怠惰な生活をしていて、事が起きた時だけ労力を使っても無益だろう。そのような状況の中で、運命に任せるならば、何事も成就できないはずだ。それに対し日頃から慎み深く努力している人であれば、その人は人としての道を尽くしているはずであり、そうした後で運は天の定めであるから待つだけだという人は、その行う事は必ず成就すると一斎は述べる。つまり「人事を尽くして天命を待つ」ということは、日頃からの真摯な努力が裏打ちされている必要があり、その上最大の努力が求められていると言えよう。

ただこの一斎の文は、まだ後半が残っていて、その中で、人事を尽くしても成就しないこともあるし、人事を尽くさないでも偶然成就することもあるという現実世界の不合理を述べている。それは伯夷《はくい》・叔斉《しゅくせい》のように清廉潔白に生きても、首陽山で餓死するし、暴虐無道の大盗賊盗跖《とうせき》が天寿を全うし、司馬遷をして『史記』の中で「天道は是か非か」と言って嘆かせる現実があることも確かなのである。そういうことをふまえて一斎は、それらをも含めて結局は皆運命だという。彼は『言志録』の冒頭で、

凡そ天地の間の事は、古往今来、陰陽昼夜、日月代はるがはる明らかに、四時たがひに行《めぐ》り、その数皆前に定まれり。人の富貴貧賤、死生寿夭、利害栄辱、聚散離合に至るまで、一定の数（運命）**に非ざるはなし。殊にまだこれを前知せざるのみ。**

（同前、一）

と運命論を展開しているが、私たちはこの運命を「前知せざる」、つまり前以て知らない存在であるからこそ、人としての正しい道、それは儒教でいう仁の実践に外ならないが、それを孜孜《しし》として努めねばならないのであり、そのことを『論語』には「任重くして道遠し、仁以て己が任と成す。また重からずや。死して後已《や》む。また遠からずや」（泰伯篇）というように死ぬまで努力し続けなければならないのである。

＊平成七年の阪神・淡路大震災の後も、平成二十三年には東北地方の太平洋沖地震という津波による大災害、そして平成二十八年の熊本地震による大災害と「災害は忘れたころにやってくる」（寺田寅彦の言葉）どころか、災害の後始末がなされないうちにやってくるありさまである。

25

自彊《じきょう》息まざるは天の道なり

日本は世界一の長寿国であり、紀元二〇〇〇年には六十五歳以上の人が一七%、二〇二〇年、つまりあと二十五年経つと四人に一人が六十五歳以上になると推測されている。

長寿国とは喜ばしい反面、この高齢化社会には難しい問題が横たわっている。このことを反映して、新聞や雑誌には定年後をいかに過ごすかという特集が組まれ、TVやラジオでは老後をいかに快適に暮らすかという番組が登場している。

ここで問題となるのは、若い時から一生懸命働いてきた人が、定年退職した後や、第一線を退いて後進に道を譲った後、どのように過ごすかである。

サミュエル・ウルマンは、「年を重ねるだけで人は老いない。理想を失った時に初めて老いが来る。歳月は皮膚のしわを増すが、情熱を失うときに初めて老いが来る」と詠うように、私達は理想――換言すれば自分達の目標を失って何をすべきか、それがわからなくて、何もせず無為に過ごす時老いが来るのだという。

昔の儒者は、仁を体得すること、つまり聖人になることだが、それを学問の第一の目標として生涯にわたって究めるものとしてきた。今日風にいうと、理想的人格の完成ということであろうか。

そのことについて佐藤一斎は、

此の学は吾人《ごじん》一生の負担なり。当《まさ》に斃《たお》れて後已《や》むべし。道は固《もと》より窮りなく、尭舜《ぎょうしゅん》の上にも、善尽くること無し。孔子は志学より七十に至るまで、十年毎に自らその進む所有るを覚え、孜孜として自ら彊《つと》め、老いの将《まさ》に至らんとするを知らず。

（『言志後録』一）

という。「此の学」とは断学ともいい、聖学であり儒学をさすが、ともかくも一斎はこの学問を自分の一生の学問として、死ぬまで担《かつ》いで行くというのである。

学問というものは永遠のもので窮まることはない。孔子も「十五にして天命を知り、三十にして立ち、四十にして惑はず、五十にして天命を知り、六十にして耳順ひ、七十にして心の欲する所に従ひて矩を踰えず」（『論語』為政篇）と述べているように、十年毎に自分の進歩の跡を記して、自ら努め励んだ。

ここの「自ら彊《つと》む」という言葉は、『易経』（乾卦・象）に「天行は健なり。君子以て自彊して息まず」とあるもので、一斎はこの言葉が自分の生き方に合い、人生観として身についていた。それかあらぬか次の条も、その次の条にも、この言葉を引用している。

また「老いの将に至らんとするを知らず」は『論語』（述而篇）に、楚の国の葉《しょう》県の知事が子路に孔子のことを尋ねた時、子路が黙っていたことを聞いた孔子は、君はどうして私のことを「その人と為《な》りや、憤りを発して食を忘れ、楽しみて以て憂ひを忘れ、老いの将に至らんとするを知らざるのみ」と言わなかったのかね、という話から引いたもので、孔子は学問するに当たって、理解できないことに対して発憤しては食事することも忘れるほど熱中した結果、年をとることを忘れて勉学に勤《いそ》しんだことを述べた文である。

そしてこの一斎の文の結びは、「孔子を学ぶ者は、宜しく孔子の志を以て志と為すべし」（同前）と述べて、孔子を見倣うのであり、またこのことを再度述べたのが次の条である。

自彊息《じきょうや》まざるは天の道なり。君子の以《な》す所なり。……孔子の憤りを発して食を忘るるが如きは、皆是なり。彼の徒らに静養瞑坐を事とするのみなるは、則ち此の学脈と背馳す。

（『言志後録』二）

一斎にとって学問とは、自ら努力するものであるが、また活き活きとしたものであって、ただいかにも悟ったかのように瞑黙静坐して自己修養するだけでは、真の聖学ではないとして不満なのである。そこには必ず自己修養から、延いては民のためにするという、『大学』の修身・斉家から治国・平天下に至るまで拡大していくことを求める。そのことを次のようにも述べる。

孔子の学は己を修めて以て敬するより、百姓《ひゃくせい》（国民のこと）を、安んずるに至るまで是れ実事実学なり。

（同前、四）

一斎は幕末の政治の枢要に参画する位置にあったため、学問を単に個人的な「修己」の世界だけでなく、現実社会における具体的な政策や行動の中に実現する「治人」にまで求めていることを表したのが、この「実事実学」であり、これはまた儒学の特色でもある。

さて、今日の日本の社会に目を向ける時、老後をいかに生きるかが問題とされているわけである。最近の日本人は変わりつつあるとはいえ、やはり勤勉な国民であり、学ぶことが好きなようである。そのような人が老後に生きがいを持って若々しく生きるために、政府は中教審の答申の下に「生涯学習振興法」なるものを平成二年に法律化した。それをもとに地域の公民館活動や文化センターなどでの学習活動が推進され、活発化している。このことが老後の生活に、知的刺激から体力増進の面に至るまでの機会を与え、従来家に閉じこもって孫の世話に明け暮れた人々に、より広い世界を提供したのは素晴らしいことである。

しかし、これらはまだ行政側からお膳立てされたものであるが、これをもう一歩進めて自分から積極的に「自彊息まず」という態度で臨むならば、そこに生まれる喜びはより大きいものとなり、それが他人にまで及ぼされ、感謝される時に、生きがいを感じるのではないだろうか。そして、

自彊息まざるの時候《とき》、心地は光光明明なり。何の妄念遊思か有らん。　（同前、三）

と一斎も述べるように、自分から積極的に努力する人の心は光り輝き、活き活きとしており、そこにどうして妄念や怠惰な心など起きる余地などあろうか。世の中でよく「輝いている」などと言われるのはこういう人なのである。

此の学を一生背負い担いで、孜孜として「自ら彊めて息まざるは天の道なり」というように、人としての生きる道は、年齢にかかわらず、まず「自ら彊む」から始まるのである。

26 教は外よりして入り、工夫は内よりして出づ

大江健三郎氏のノーベル文学賞受賞は世の中を沸かせた。敗戦後の一九四九年、湯川秀樹博士がノーベル物理学賞を受賞して以来、現在まで八人目である。

今日、ノーベル賞受賞者は六百人近い個人と十六の団体を数えるのに、経済大国先進工業国として世界に認められている割には、何と少ないではないかと嘆かれるのは、『言志四録』の著書もある元東京工業大学学長の川上正光先生ばかりではないが、先生は特にそのことを強く主張して、その原因を我国の教育の在り方に問題があるとして批判している(川上正光著『日本に大学らしい大学はあるのか』共立出版)。先生は言われる、日本は明治以降、外国に追い付くため、学問は自分ではアイデアを出さないで、外国からのものを吸収することで成り立っていた。それで何でも外国のものを吸収する「ブラックホール教授」や外国へ行ってトランクに本をたくさん買って来てはそれを翻訳して教える「トランク哲

学」なるものが大学ではまかり通っていた。これが日本の教育をダメにしたと言われる。そして真の教育とは才能を引き出すCreativeなものであり、Educateは開智と訳すべきだと述べている。そして過去の日本にも、例えば山路愛山の『才子論』、中江兆民の『一年有半』やベルツ博士などの考えの中にそれはあったと述べる。

佐藤一斎の言葉の中にも、このことについて言及したものがある。それを挙げると、

およそ教は外よりして入り、工夫は内よりして出づ。内よりして出づるは、必ずこれを外に験《ため》し、外よりして入るは、当にこれを内に原《たず》ぬべし。（『言志後録』五）

と述べ、知識や研究は外から学んで取り入れるが、自分の新しい工夫、つまり研究は内から出るものである。この内から産み出された、新しく創造されたものは必ず、外の世界で正しいかを実証してみなければならない。それとともに外からいれる知識や研究は、まず自分の心の中に求めてみなければならないのであるという。

ただ知識や研究を無視して、自分の内から発する創造のみを重視するだけでは行き詰まった時にどうしようもなくなる。そのことを孔子は、「吾、かつて終日食《くら》はず、終夜寝《い》ね

ず、以て思ふ。益なし。学ぶに如かざるのみ」（『論語』衛霊公篇）と言って自分の体験として寝食を忘れて思索に没頭したがだめだった。やはり学ばなければいけないと言う。この学ぶことと思索することとの関係について、『論語』に「学びて思はざれば則ち罔《くら》し、思ひて学ばざれば則ち殆《あやう》し」（為政篇）と述べる。すなわち知識の習得ばかりで、思考や工夫をなおざりにすると真実の理解に到らないし、思考や工夫ばかりして、過去の研究や知識をないがしろにすれば、独断に陥って危険だというのである。

今日の日本の教育は知識偏重であり、いかに多くの事を暗記しているかを試したり、問題に対しても、解答のパターンに当て嵌《は》めていかに早く解くかというような試験をし、その結果で優劣を決めるような教育では創造にはつながらないと警告を発しているのは、本誌の昨年五月号、「創造の精神」の特集に登場された東北大学総長の西沢潤一先生である。本誌の対談の中でも述べられているが、先生は今日の我国の教育に対して、『独創教育が日本を救う――日本式暗記偏重教育への直言1』（ＰＨＰ研究所）や『独創は闘いにあり』（プレジデント社、現在新潮文庫にも収める）を著されて、創造につながる教育を提唱されている。

昔、パスカルは「人間は自然の中で最も弱い一本の葦にすぎない。しかしそれは考える葦である」（『パンセ』）と述べた。この言葉は「人間は考える葦である」として誰でもが知っているものであるが、しかし今の教育には、その考える事をないがしろにする面があるようだ。

さて、話を元に戻して、一斎は思考について次のように言う。

心の官は則ち思ふと。思ふの字はただ是れ工夫の字なるのみ。思へば則ち愈々精明に、愈々篤実なり。その篤実なるよりしてこれを行と謂ひ、その精明なるよりしてこれを知と謂ふ。知行は一の思ふの字に帰す。

（『言志後録』二八）

心の官、すなわち心の働きとは思考することであり、それはまた工夫という字に尽きるという。この工夫とは思索を深めてそれを実践し努力して新しいものを創り出すことを指している。そして思考を深めれば物事を精しく明らかに知ることになり、それとともに心もこもって誠実に行うことになる。つまりこの知ることと行うことが思考の下より出ているということ、これは陽明学の説く知行合一の考えであり、それは「思う」という一字に帰着することになると一斎は考えるわけである。

過去の中国では、科挙の試験に代表されるように、厖大な経典の暗記が要求され、学問とはそういうようなものと見なされる風があったが、科挙の始まる以前においては、「記問の学は以て人の師と為るに足らず」（『礼記』学記）と言っているように、古典を丸暗記して物知りになるだけでは人の師となるには不十分だという言葉がある。

基礎的な知識は必要だし、過去の研究を踏まえた確固たる基盤がなければ、大きな研究は築き上げられないことは確かだ。そのうえに独創的研究を導く思考重視の教育が求められるのである。その意味で「教は外よりして入り、工夫は内よりして出づ」を味読することが求められるのである。

＊ノーベル賞の季節になると、いつも誰がもらうか取沙汰される。この所日本の理系の受賞者は一九四九年の湯川秀樹博士から昨年の大隅良典博士まで二十二名を数える。そしてこの四年は毎年受賞という栄誉を受けている。今後とも続いてほしいと願うものだが、昨年の梶田孝章先生は現在の在り方では壊滅していくと警鐘を鳴らしておられた。文科省をはじめ上に立つ人は考えてほしいところだ。

27
自ら重んずることを知るべし

オウム真理教関係のニュースが連日TV・新聞などのマスコミを賑わしている。そこに起きた事件については司直の手に委《ゆだ》ねるとして、ここでは宗教にのめり込み、溺れた人々に目を向けて考えてみたい。

そこには教祖の説く教えのために自分を捨て、そして自分の信仰のために親や子を犠牲にする姿が見られる。自分が救われることは悪いことではないが、そのために他の人を犠牲にしてよいという道理はないのである。そこに見失われているものは自分を大切にする心ではないだろうか。自分を本当に大切にする心のある人は、他の人をも大切にする心があるはずである。

そこで、佐藤一斎の次の言葉から考えてみよう。

吾人《ごじん》は、須《すべか》らく自ら重んずることを知るべし。我が性は天爵なり。最も当に貴重すべし。我が身は父母の遺体なり。重んぜざるべからず。威儀は人の観望する所、言語は人の信を取る所なり。また自重せざるを得んや。

（『言志後録』六）

この言葉を説明すると、次のようになる。吾人（われわれ）つまり私達は自分自身を大切にしなければならないことを知るべきである。何故なら私達のもっている本性というものは、天から授かった爵位である。この天爵というのは『孟子』（告子上篇）に、仁・義・忠・信の四つの徳をそなえて善を楽しむと言っているように、私達人間の本性の中には、仁・義・忠・信の徳があるので尊重しなければならないのである。このように素晴らしい本性（素質）をもった私達自身は、父母が産んでくれ、この世に遺してくれたものであるから大切にしなければならないのである。

この父母に身体を受けたので尊重するという考えは、『孝経』の冒頭の章に「身体髪膚これを父母に受く。敢へて毀傷せざるは孝の始めなり」（開宗明義章）とある考えで、儒教の伝統的考えである。したがって一斎は、

須らく知るべし。親在《いま》す時、親の身即ち吾が身なり。親没せし後、吾が身即ち親の身なることを。即ち自《おの》づから、自《みず》ら愛するの心を以て親を愛し、親を敬する心を以て自《みず》ら敬せざるを得ず。

（『言志録』二一一）

ともいう。つまり私達自身は、親の遺してくれたものだから大切にしなければならないこと、それは自分を大切にする心で親を愛し、親を敬する心で自分をも大切にするという、親と子とは一体であるという考えなのである。そして一斎は、このような私達自身については、その立居振舞いは他人が見ることができ、私達の発する言葉は他人の信頼にかかわるものであるから、また自重しなければならないのであるという。

この自重することについては後の条で次のようにも言う。

物、一有りて二無きものを至宝と為す。顧命（『書経』の篇名）の赤刀（周の武王の刀）・大訓（三皇五帝の書）・天球（玉の名）・河図《かと》（黄河からでた竜馬の背にあった図）の如き、皆一有りて二無し。故にこれを宝と謂ふ。試みに思へ、己一身もまた是れ物なり。果して二有りや否やを。人、自重してこれを宝愛するを知らず。また思はざるの甚だしき

なり。（『言志後録』一八六）

人々はこの世に一つしかないものを宝として大切にするが、私達一人一人も、この世の中に一人しかいないのである。しかし私達はそのことを気付かないため、自重して宝のように大切にすることを知らないのは、何と人について深く考えていないことかと一斎は嘆くのである。

具体的に見たり聞いたりして感覚に訴えるものは対象としやすいが、抽象的なことや精神的、内面に関するものはわかりにくい。『孟子』（告子上篇）に次のような譬え話がある。ある人の薬指が曲がって真っすぐに伸びなかった。しかし痛くて生活に支障が有るわけでもないのに、その指を真っすぐに伸ばすことができる人がいると聞いたら、秦や楚というような遠い国でも出かけて行く。何故なら、指一本でも人並みでないのを他人に知られるのがいやだからである。しかし「心の人に若《し》かざるは、則ち悪《にく》むことを知らず」（心が人並みでないのは苦にすることを知らない）のは、他の人からはわからないからである。

同様の話がこの文の次にもある。それは桐や梓の木は、育てて大きくすれば役に立ち、利益につながるので、その生育の方法を知っているが、「（自分自）身に至りては、これを養ふ所以の者を知らず。思はざるの甚しきなり」（同前）というように、自分の身になるとその修養方法を知らない。何も自分の身を愛することが桐や梓に及ばないわけではないがと言っているのである。このように、人が自分を大切にし、そのために自分を修養し、錬磨していくことは難しいのである。

最後に、一斎の言葉をもう一つ挙げておきたい。

石重し、故に動かず。根深し、故に抜けず。人は当に自重を知るべし。

（『言志晩録』一一二）

私達はまず自らを重んずる、つまり自分をたいせつにすることから始まる。そしてそれを人にまで及ぼしていくのが、真の個人主義なのである。

＊オウム真理教は昭和五十九年、麻原彰晃（松本智津夫）によって始められた新興宗教の一派で、拡大して行く中で、平成七年、地下鉄サリン事件を引き起こし、多数の死傷者を出し、後遺症で苦しむ人は今もいる。この事件に関することは、江川紹子の『オウム真理教追跡二二〇〇

日』や佐木隆三の『三つの墓標』をはじめとして多数書かれていて、その中には、その発端にあたる坂本弁護士殺害に関するもの、松本サリン事件、犯行者側の林郁夫による懺悔の書『オウムと私』などもあったが、事件以来二十余年経過する中で、だんだん忘れられはじめているようだ。

28 人は当に往時に経歴せし事迹を追思すべし

今年は戦後五十年に当たり、過去の戦争行為に対して深い反省をし、未来に向かって世界の人々と共に平和を築き上げて行くことを願って国会で決議することが行われた。

私達は、何故歴史を学ぶのかと問われるなら、それは過去に経歴した事実から、将来に資するものを学ぶためであることは明らかであるが、この経歴した事柄をどのように考え、評価し、生かすかが問題なのである。

さて、我国の歴史を振り返る時、江戸時代は鎖国をして長い眠りを貪っていたが、幕末になると黒船をはじめとする外国船の来航で開港を迫られた。当時幕府の枢要にある人々から諮問を受ける立場にあった佐藤一斎は、歴史に対する考えを次のように述べている。

人は当《まさ》に往時に経歴せし事迹を追思すべし。某の年為《な》しし所、孰《いずれ》か是れ当・否なる、

孰か是れ生・熟なる、某の年謀《はか》りし所、孰か是れ穏・妥なる、孰か是れ過・差なると。

（『言志後録』八）

人は過去に経験してきた事実を振り返って考えなければいけない。何某の年に行った事は適当であったか、そうでなかったか。またそれを行った時は、機が熟していなかったか、またその時期でないのに行わなかったか、それが妥当であったか否か等を十分に考え、反省すべきだと言う。その結果、

これを以て将来の鑑戒（いましめ）と為さば可なり。

（同前）

という。ところが現実の社会における人々の姿を見るとどうであろうか。それを一斎は次のように続けて述べている。

然《しか》らずして徒《いたずら》に汲汲営営として前途を算《かぞ》へ、来日を計るともまた何の益かこれ有らむ。

（同前）

過去の事迹を教訓とするどころか、ただやたら目の前の利益に汲汲としながら先のことを考えている。こんな有り様では正しい判断や評価はおぼつかないというわけである。昔の中国の話に、猿回しの親方が、（その年は不作の年だった為か）猿に向かって餌の橡《とち》の実を、「これからは朝に三つ、暮に四つにしよう」と言ったところ、猿達は皆怒って親方に不平を鳴らした。そこで親方は、「それなら朝に四つ、暮に三つにしよう」と言ったところ、猿達は皆納得して騒ぎは収まったと、『荘子』（斉物論篇）に載っていて、これが「朝三暮四」という諺で人口に膾炙《かいしゃ》している。

これは目先の利益にふりまわされて、物事の本質を見抜く力のないことを譬えているのであるが、私達は欲望に負けて目の前の事にとらわれ、先を見通す力を失いがちである。それは「獣を逐ふ者は目に太山を見ず、嗜欲外に在れば、則ち明蔽《おお》はる」（『淮南子』説林訓）ということでもあり、また逆から言うと「遠き慮り無きときは、必ず近き憂ひ有り」（『論語』衛霊公篇）ということにもなるのである。

さて、私達は目先の利害にとらわれるのは、何はともあれ自分の欲望を優先し、利己的な心が強く支配しているからで、それらは戦後、個人主義とか個性尊重という美名の下に誤って解釈され、利己主義や我がままが根を伸ばしているからかもしれない。そういうことから私達は、いつでも自己中心的に物事を考えがちになっている。このような自己中心でなく、人を思いやる心の最も典型的な形に表れているものが父母の心である、と一斎は言う。

尤《もっと》も当《まさ》に幼稚の時の事を憶ひ起こすべし。父母鞠育乳哺《きくいくにゅうほ》（乳を飲ませはぐくみ育てる）の恩、顧後懐抱（懐に抱いて心配する）の労、撫摩憫恤《ぶまびんじゅう》（ふびんがって慈しむ）の厚き、訓戒督責（教え戒める）の切なる、凡そその艱苦して我を長養する所以のもの、悉くこれを追思せざるなくんば、則ち今の自ら吾が身を愛し、肯て自ら軽んぜざる所以の者も、また宜しく至らざる所なかるべし。

（同前）

父母が幼な児を養育する心や姿を思い出して見るとよい。そこには父母が自分を犠牲にしても子を育てる愛、これをギリシャ哲学ではアガペー（Agape）といって、エロス（Eros）（価値愛、美しいものを求める愛）に対立するものとしているが、そのような愛情が自分を大切にし、人をも大切にするという人格を作り上げていくのである。

親がこのように育てた私達自身はどうあるべきかについて、佐藤一斎は、

寧《むし》ろ人の我に負《そむ》くとも、我は人に負くなからんとは、固《まこと》に確言（的確な言葉）となす。余もまた謂ふ、人の我に負く時、我は当に吾の負くを致す所以を思ひて以て自ら反りみ、且つ以て切磋《せっさ》砥礪《しれい》（苦心して修養する）の地と為すべしと。我に於いて多少の益あり。いづくんぞこれを仇視すべけんや。

（『言志後録』一一）

と述べる。他人がいかに自分を裏切ろうと、自分は他人を裏切ってはならないという言葉を持ち出して、私は他人が自分を裏切った時、何故彼らが裏切ったかという理由を考え、それについて反省して、とにかく自分なりの努力を一生懸命すれば、そこから何らかの教訓が得られる。俗に言う「他山の石」（『詩経』小雅）である。そう考えると、裏切った人をどうして仇のように見ることができようか。何とも自分に厳しい、修養を積んだ人の言葉かと思うが、先ずは自己反省が出発点であることのようだ。『論語』の「人知らずして慍《いか》らず」（学而篇）や「人の己を知らざるを患《うれ》へず、人を知らざるを患ふるなり」（同前）の心であろう。

最近、自分史を書く人が多いが、この自分史こそ、自己の歴史であるからには、自己反省の上に立つものであり、自己反省の材料である。そして、この自己の集まりである国民それぞれの自分史の集約が歴史であることを考える時、戦後五十年の反省は、国民一人一人の原点から、往事に経歴した事を追思して将来の鑑戒と為し、我は人に負くなからん心でもって世界の人々と共に生きることを求めなければならないのである。

＊この文を書いたのは平成七年、二十余年前のことだが、語られている内容は、今も同じ考えが通じるように、人間の精神は、時間とともに進歩しているわけでないことが良く分かる。

29 官に居るの好字、公・正・清・敬の四字なり

「小役人」とか「役人根性」という言葉がある。最近はこのような言葉は聞かれなくなってきたが、戦前の役人は威張っていたもので、俗に言う「役人風を吹かせ」ていた。特に下級の役人は上の人にやたらぺコぺコしていながら、一般庶民には強圧的態度で威張っていた。そのような役人を蔑視するように言ったのが「小役人」という言葉であり、この小役人のねじけた心を「役人根性」という言葉で表してきた。

しかし敗戦を契機に民主主義の世の中になり、役人は国家公務員とか地方公務員という名の職業人となった。戦後も五十年も経つ今日は、国民に奉仕する公僕としての職業人として定着し、役人という戦前の意識は全く感じられないほど変化した。ところが昨今のように、経済的不況が長く続き、なかなか不況の克服ができないでいると、いきおい公共事業をはじめとする公的な面で、民間の人が公務員に取り入ろうとしてくる。そこに賄賂や

接待供応などが取り交わされる関係が生じ、役人風を吹かせる人が出てくる。その結果不正事件へと発展し、相も変わらず新聞やＴＶなどのマスコミを賑わしているのである。人間とは弱いもので、利害が絡んでのこととわかっていても、ペコペコと頭を下げられ、歯の浮くようなお世辞を並べられ、その上何らかの袖の下のものが届くと、つい食指が動き、また彼らに対し権力を笠に着て威張ってしまう。これは昔も今も変わちない人間の性情である。したがって、官吏に対する忠告として佐藤一斎に次のような言葉がある。

官に居るに好字面四有り。公の字、正の字、清の字、敬の字なり。能くこれを守らば、以て過ちなかるべし。不好の字面もまた四有り。私の字、邪の字、濁の字、傲の字なり。苟《いやしく》もこれを犯さば皆禍を取るの道なり。

（『言志後録』一四）

つまり役人として勤めるに際して好ましい字、わかりやすく言えば役人としての姿勢・態度を表す言葉として、公平・正義・清廉そして敬虔の四つを挙げており、反対に好ましくない字として私（利己）・邪悪・濁（汚濁）・傲慢の四つを挙げている。この四字を六事十二字に拡大した言葉が『後録』の後の方に再び掲げられている。

敬忠・寛厚・信義・公平・廉清・謙抑の六事十二字、官に居る者、宜しく守るべき所なり。（同前、一九七）

というもので、半分は重複しており、他はその分だけ詳しくなっているものの大筋は同様と考えてさしつかえないものである。

昔から官吏が職分を全うせず、職権を濫用して私腹を肥やし、権力を笠に着て民を痛め付けた例は枚挙に遑《いとま》ない。そのため官吏たる者の心得を説いた文はいろいろある。朱子が弟子の劉子澄に、子供のための道徳修養の書として編纂させた『小学』にも、北宋の呂本中の『童蒙訓』を引いて、「官に当たるの法、ただ三事有り。曰く清、曰く慎、曰く勤。この三者を知らば、則ち身を持する所以を知るなり」（嘉言篇）とあり、また劉器之が進士の試験に合格し、時の副総理（参知政事）の張観に官吏としての心得を問うたとき、張観は、「某《それがし》、官を守りてよりこのかた、常に四字を持す。勤・謹・和・緩」（同、善行篇）という話も載せている。これらはすべて官吏として心得るべき当然の事であるが、一斎はもう一歩進めて具体的に官吏の養成についても言及している。

小吏有り。苟《いやしく》も能く心を職掌に尽くさば、長官たる者、宜しく勧奨してこれを誘掖《ゆうえき》（導き助ける）すべし。時に不当の見有りと雖も、而れどもまた宜しく姑《しばら》くこれを容れて徐徐に諭説すべし。

ここで下級官吏が心を尽くして、つまり誠実に職務を全うしたら、上に立つ者はその官吏を褒め激励して指導するのがよいという。叱るよりも褒めて導くという教育の原則の適用である。その官吏が心を込めて行っていることには、少しぐらい行き過ぎや間違いがあっても、それは大目に認めて、少しずつ道理を説き明かしていくべきで、この純粋に心から発動するものを大切にしたいと考えているのである。一般的に、勤めが長期化すると、次のようになると一斎は言う。

吏人相ひ集まりて言談するに、多くは是れ仕進の栄辱、貨利の損益なり。吾、甚だ厭《いと》ふ。然るに平日聴くに慣れ、覚えず偶《たまたま》自らも冒す。戒むべし。（『言志晩録』一六二）

と述べて、勤め先での話題が、誰それが昇進し、また左遷されたとか、誰が儲けたの、給料が高いの低いのという話に慣れてしまって、知らず知らず自分もその話に加わっている。戒めねばと反省しているのである。私たちのマンネリ化した職場の話題を思いかえせば思い当たることも多かろうと思うのである。

このように欲望の渦巻く俗悪な世界に陥りがちであるから、特に若く理想に燃えて、誠実に仕事に励む者には、温かい目で対応してやらねばならないわけで、先の文に続けて、

決してこれを抑遏《よくあつ》すべからず。抑遏せば則ち意阻《はば》まれ気撓《たわ》みて、後来遂にその心を尽くさず。（『言志後録』一三二）

と言って、絶対に抑えつけてはいけない、もし抑えつけるようなことをすると折角真心から行おうとしている純粋な心は阻害され、意気沮喪して、やる気をなくしてしまうと言う。

したがって、

長官たる者は、小心翼翼（恭敬の心を将つこと）を忘るること勿《なか》れ。吏胥《りしょ》（下級役人）為《た》

る者は天網恢恢《てんもうかいかい》を忽《ゆるが》せにすること勿れ。

（『言志晩録』一六〇）

と述べて、上に立つ人は身を慎んで威張ることなく、下の人は上の人が寛大だからと甘く見て粗略にしてはいけない。天の網は目が粗いように見えても、悪いことは絶対に逃さないという『老子』の言葉を心しておかねばならないのである。

最後に柳宗元が任地に赴く薛存義に与えた訓戒の手紙を掲げておきたい。

凡そ上に吏（官吏）**たる者は、若《なんじ》その職を知れるか。蓋し民の役**（民のために働く者）**にして以て民を役する**（民を働かせる）**のみに非ざるなり。**

（『唐宋八家文』巻上）

30 心に中和を存すれば則ち体自ら安舒たり

体育の日というのは、昭和四十一年に建国記念の日、敬老の日とともに制定された。それは国民がスポーツに親しみ、健康な心身を培うことを趣旨としたもので、十月十日をその日としたのは、制定の二年前に行われた東京オリンピックの開会式の日を記念して選ばれたのである。

健康な心身は、国民誰しもの願いであり、体を鍛えることで健康を増進させようとしている人の多いことは、街をジョギングする人や、万歩計を腰につけて速足で歩く人があちこちで見かけられることからもわかり、それも奇異な感じなく眺められることは、健康への関心が一般化し、より深くなっていることといえよう。

日本よりも一足先にアメリカにそのようなブームがあったという。アメリカの健康ブームは、ジョギングブームに反映しており、一九七〇年代末、当時のカーター大統領は、来日の折りにも、早朝ジョギングしていた姿が新聞に載せられていたのを思い出す。そしてこのブームが日本にも波及してきたのだ。

このように今日は健康への関心が高まっている一方で肩凝り、腰痛、そして胃病や高血圧で苦しんでいる人は多い。そしてそれが子供にまで及んでいるというのである。医師の話によると、それらの原因の大半は精神的なストレスが関与しているのだそうだ。細菌やビールスなどが原因でなく、精神的なストレスからくるものは、薬で治すわけにはいかない。それは心の持ち方やその人の生き方、そして生活態度で決まるといえる。

江戸時代の医学書に、「長生無病の妙術」と題して次のような文がある。

意《こころ》は主人なり。静にして安からしむべし。体は意の家来なれば、動かして労せしむべし。主人静ならざれば家とどのはず。心静かならざれば、病起こるもとなり。今の世の人を見るに、心を利欲の為に労して家来奴僕《しもべ》の如くし、身は驕逸《おごり》の為に安うして主人の如くするは病の本となるなり。

（『寿得録』）

ここに説くことは、心は平静安らかにして、体は心の命令に従って働くべきであり、心が平静でないと家庭は乱れ、病気になるということである。
ところで、今の世の中の人を見ると、心は利欲の奴隷となって汲々としていながら、肉体の方は安逸を貪《むさぼ》っているから病気になるという。この心の安静をもう一歩深めて説いているのが佐藤一斎である。彼の言葉に、

礼儀を以て心を養ふは、即ち体躯を養ふの良剤なり。心、養を得れば、則ち身自ら健なり。旨甘《しかん》を以て口腹を養ふは、即ち心を養ふの毒薬なり。心、養を失へば、則ち身もまた病む。

（『言志後録』二二）

とある。礼儀つまり立ち居振る舞いの中で心を修養することが、体を養う良い薬だという。換言すれば外から見られる形を通して精神を養うことである。
わかりやすくするため具体的に例を挙げて説明しよう。茶道や華道、また柔道、弓道や剣道など道と名のつくものは型をマスターする中に精神的に深いものを習得させようとするもので、まず最初は何度も型を学んで、型がひとりでにできるまで練習する。弓道でいうなら、まず弓を引く構え方から始まる。それを繰り返し練習する中で自然、弓道の心も

習得するのである（参考　オイゲン・ヘリゲル『日本の弓術』）。つまり形としての礼儀が自然に身について、心も素直にそれに応じて動いて、その挙措《きょそ》動作が礼に適うようになる。そのように修養することは体にとっての良薬であり、心がそうなれば身体は自然と健康になるというわけで、甘く美味しいもので腹を充たすようなやり方は、欲望の充足に過ぎないので修養の毒であり、それが延いては身体まで損なうのである。

心を形を通して養うというが、心を具体的にどうするかということについて、一斎は、

心に中和を存すれば、則ち体自ら安舒《あんじょ》にして、即ち敬なり。故に心広く体胖《ゆたか》なるは敬なり。徽《き》・柔・懿《い》・恭なるは敬なり。申申夭夭《しんしんようよう》たるは敬なり。彼の敬を見ること桎梏《しっこく》、徽纆《きてん》の若《ごと》く然る者は、是れ贋敬《がんけい》にして真敬にあらず。（同前、一二一）

という。中和とはどういうことかというと、喜怒哀楽の感情がまだ表に出ない前の、まだどちらにも偏らない状態が中であり、もしそれが表に現れても、それが節度ある状態にあるのが和なのである。つまり心が極端に偏ることなく節度をもって周囲に調和することで、そうなれば身体は自然と安舒、すなわち安らかに伸び伸びとなる。これを敬と言うのであ

る。したがって心は広く、体が豊かに伸び伸びしているのは敬である。
ところで、普通一般では敬という字はつつしむとか、うやまうというような意味で、人々を拘束する桎梏（手枷・足枷）や徽纆（罪人を縛る綱）のように思われている面がある。これは贋物の敬で本当の敬ではない。このように考えた結果、一斎は、

養生の道はただ自然に従ふを得たりと為す。養生に意有れば則ち養生するを得ず。

（同前、四三）

と述べて、自然に任せることを主張するが、その背景には、儒教の特に陽明学の良知説に裏打ちされた精神の自由が在ることを忘れてはならないのである。
心が節度をもって周囲の人と調和すれば、体も自由にのびのびと人間らしく振る舞え、生気潑剌《はつらつ》として健康になるのである。健全な心の人は健康な体にもなっていくのである。

＊当時、体育の日は十月十日で、それは東京オリンピックの開会初日を記念して制定されたものだったが、現在、連休を多くする目的で、一月十一日（成人の日）や十月十日（体育の日）な

どは、その週の月曜日に移されて、日月と連休になった。遊んでお金を使うことで経済が回るようにするためというが、その制定された日にはそれなりの意義があったはずだと思うと、そのような姑息な手段で経済回復とは何と情けないことかと残念に思うが、いかがですか？

31

人の一生遭ふ所には、険阻有り、坦夷有り。宜しく居りて安んじ、玩《もてあそ》んで楽しむべし

昔は十一月(陰暦)を霜月と言い、十一月になると霜がおりて厳しい冬が来ると予報していたのである。このような天候の厳しさを表す言葉に、「秋霜烈日」というのがある。秋の霜とともに、今年の夏のような、暑い陽射しをも併せたもので、このような天候の厳さを通して、刑罰の厳しさや志操の固さを譬えるのに使われてきた。

それはともかくとして、このような夏の暑さや冬の厳しさなどに閉口しながらも、季節の変化のあることは、人間の生活の中に節目を作り、よりバラエティーに富むものにしていることは確かである。いつも快適な暖かさばかりであることは、生活する上で楽ではあるが、人間が、人間として生きていく上では必ずしもプラスばかりとはいえない面がある。いつもぬるま湯に浸っているような生活では、確固たる信念でもない限り、怠惰な生活に流される生きがいのない人生を送る可能性が大きいからである。それで諺にも、「可愛い

子には旅させろ」というのは、少なくとも子供の時は苦労しなさいというのである。人の一生には何事もなく、平坦に、平々凡々と生きる道もあるが、何か仕事を成そうとする時には、そこには必ず大なり小なりの困難が伴うものである。そのことを佐藤一斎は、自らの経験を通して次のようにいう。

人の一生遭ふ所には、険阻有り、坦夷《たんい》有り、安流有り、驚瀾《きょうらん》有り。是れ気数の自然にして、竟《つい》に免るる能はず。即ち易理なり。人は宜しく居りて安んじ、玩《もてあそ》んで楽しむべし。若《も》しこれを趨避《すうひ》せんとするは、達者の見に非ず。

(『言志後録』二五)

と述べる。すなわち人間一生の間に出合うものには、険しくそそり立つような処もあるし、平坦な野原のような処もある。またゆったり流れる川のような処もあるし、怒濤逆巻く急流のような処もあって、それはその人の出合う宿命なのであり、免れることのできないもの。だからその中に身を任せて、抗《あらが》わず楽しむようにしないといけない。もしそこから逃避しようとするのは、物事の本質に通暁した人の見解ではないというのである。

『論語』にも「歳寒くして、然る後に松柏の凋《しぼ》むに後るるを知る」(子罕篇)とあるのは、寒い冬を経る中で、松や柏がいかに強いかがわかるように、困難にぶつかって、それを乗り越えてはじめて真の強さが発揮され、その人こそ大事を成就し、自分も成長するのであるということのようだ。また一斎は、人生に遭遇する困難を、自然の風景を眺める中の奇勝に喩えて次のように言う。

山水の遊ぶべく、観るべきものは、必ず是れ畳嶂《じょうしょう》・攅峰《さんぽう》、必ず是れ激流・急湍《きゅうたん》、必ず是れ深林・長谷、必ず是れ懸崖・絶港なり。凡そその紫翠の蒙密、雲烟の変態、遠近相取り、険易相錯《あやま》りて、然る後に幽致の賞するに耐へたる有りて、最も坤輿《こんよ》の文たるを見る。若しただ一山有り、一水有るのみならば、則ち何の奇趣かこれ有らん。人世もまた猶ほかくの如し。

（『言志後録』二六八）

わかりやすくいうなら、山や川で遊ぶことができ、観光する価値のあるものは、山なら幾重にも重なり、そしてそそり立つ山や峰、川ならば激しい流れや急な早瀬、また鬱蒼と茂った森や奥深い渓谷、そして断崖絶壁や人里離れた入江である。そこには紫色や濃緑の繁茂した木々の美しさがあり、またそこにたなびく雲や霧、そういうものの変化する姿や遠近のコントラスト、また険しい処と幽邃《ゆうすい》な処とのまじり具合などが鑑賞に堪え得るもので、ただ単純に、普通ありふれた山や川では何の趣があろうか。そのように人がこの世に処するにおいても同じことが言える。つまり人生には山あり坂ありで、その多くの苦難を乗り越えた者が魅力ある人間へと成長し、人からも評価されるというのである。一斎は、

人の一生には順境有り、逆境有り。消長の数（運命）、怪しむべき者なし。余もまた自ら検するに、順中の逆有り、逆中の順有り。宜しくその逆に処して敢て易（軽侮）心を生ぜず。その順に居りて、敢て惰（怠惰）心を作《おこ》さざるべし。ただ一の敬の字、以て逆順を貫けば、可なり。

（『言志晩録』一八四）

ともいっている。この文は『晩録』の後のほうの文なので『後録』の文を書いた時から十五年以上経った頃のもので、その間、一斎にはそれなりの体験をした後の言なのである。つまり一生の中には、順境の時と逆境の時があり、逆境に対処できたからとて侮る心を持ってはならないし、順境に対処するからとて怠慢な心を持ってはいけない。そこに必要なのは敬の心で、それで順逆を貫けばよいという。

わかりやすくいえば、人生に対して真剣に向かうことが大切だということである。『孟子』に「天の将に大任をこの人に降さんとするや必ず先づその心志を苦しめ、その筋骨を労せしめ、その体膚を餓ゑしめ云々」（告子章句下篇）というように、大業を成すためには、精神的にも肉体的にも鍛えられなければできないのである。それはぬくぬくと甘い汁を吸うような生活の中からは、大業は成就できないということで、歴史上の偉人の仕事ぶりを見るとき、ここに述べられていることが納得させられると思う。

北宋の儒者張横渠は、自分の考えを二五三字にまとめて「西銘」（『近思録』巻二、為学。『古文真宝後集』所収）と題して書斎の西の窓に掲げたが、その最後に、「貧賤憂戚はもって汝を成るに玉にす」といっている。貧しい境遇や憂い戚《いた》みの多い境遇は人間を玉に磨きあげるという意味である。

現在の日本は豊かなため、粒粒辛苦とか苦学力行などという言葉ははやらない。若者は3Kといって、きつい・汚い・給料が安いの三つを厭なものとして嫌うが、このきつかろうが汚かろうが、そして安かろうが、それらは全て人生における小さな山であり、坂であり、それらよりももっと大きな困難を乗り越えてはじめて大業は成就するのである。そしてこの苦しみや辛さを楽しめる境地にまで自分を高めることを一斎は望んでいるようである。

32

人は地に生まれて、地を離るる能はず

先頃、孔子の生誕地の曲阜《きょくふ》に行った時のことである。孔子廟の前でタクシーを下りると、たくさんの客引きがあの手この手で勧誘する。私もつい高校生ぐらいの年の女の子に、観水園という所へ引っ張られて行ってしまった。彼女は孔子がこの川の流れを眺めながら「逝く者はかくの如きか」と言ったと説明する。まったくのデタラメの作りもので、客が入ると噴水から水が噴き出して、その水が流れて川を作り、そのバックではポールモーリアの奏でる「恋はみずいろ」が大きな音で流れ出すのである。その後は六芸の射・御・書・数などの説明があったが、まったくあきれてしまった。孔子が生きていたら何と言ったろうかと、中国の友人と苦笑しあった。改革開放の政策のもたらす観光商売が、これほどまでになっているのには驚いてしまった。

さて、この孔子の言葉は『論語』に「子、川の上《ほとり》に在りて曰く、逝く者は斯くの如きか、昼夜を舍《お》かず」（子罕篇）とあるもので、過ぎ行くものに対する慨嘆の言葉である。我が国の古典でも、『方丈記』の冒頭に「ゆく河の流れは絶えずして、しかももとの水にあらず。よどみに浮ぶうたかたは、かつ消えかつ結びて、久しくとゞまりたる例《ためし》なし」というのと同じ発想のものだ。具体的な河の流れから、抽象的に過ぎ行く時間の経過を感じる中に、あらゆるものが絶えず変化していく。それを生々発展していくと考えるか、いやこの世は変化きわまりなく、生きているものは死に、栄えているものは衰える、そのようにはかなく無常なものと考えるかは、その人の生きる姿勢にかかわるものかもしれないが、一般的に日本人には仏教の教えからか無常を感じる方が多いようだ。まして師走、年の瀬ともなると、時の経つ早さを感じながら、ああ、今年もまた終わるのかと思い、自分の年齢を考えたり、今年亡くなった人などのことを思い出すのである。

兼好法師は、「あだし野の露消ゆる時なく、鳥部山の煙立ち去らでのみ住み果つる習ひならば、いかにもののあはれもなからん。世は定めなきこそいみじけれ」（『徒然草』第七段）などと述べて、人がいつまでも死ぬことなく生き続けたら「もののあはれ」などという情緒はなくなるだろう、この世の中は定めがない、つまり無常だから素晴らしいのだというのであるが、人間の情として無常だから素晴らしいというのは少々無理した発言だと思う。

このようなことについて佐藤一斎は次のように言う。

物には栄枯あり、人には死生有り。即ち生生の易《えき》なり。須《すべか》らく知るべし。躯殻《くかく》（からだ）は是れ地にして、性命は是れ天なるを。（『言志後録』二七）

あらゆるものには栄枯盛衰があり、人間には生死があるのは、すべて『易経』（繫辞伝上）に述べているように、陰から陽が生じ、陽から陰が生じるように、生々変化する易の理なのであるという。そこで私たちは、自分たちの体は地から生まれたもの、性命は天から与えられたものだということを理解しないといけないと述べ、そしてさらに後の条では次のようにも言う。

人は地に生まれて地に死すれば、畢竟地を離るる能《あた》はず。故に人は宜しく地の徳を執るべし。地の徳は敬なり。人宜しく敬すべし。地の徳は順なり。人宜しく順なるべし。地の徳は簡なり。人宜しく簡なるべし。地の徳は厚なり。人宜しく厚なるべし。

（同前、三七）

地とは土地であり、大きくいえば地球のことで、私たち人間は地上に生まれてきて、死んだら地下に帰っていく。したがって、どうしてもこの地から離れることができないから、地の徳を執らなければいけないというのである。徳とは得と同じであり、恩恵などを得ること、ここでは地上、地球上の恩恵を受けるとともに、それを執る、つまりしっかりととり守らねばならないというのである。そしてこの地の徳というのは、敬・順・簡・厚であり、これら四つは『易経』の考えからきているもので、わかりやすくいうと、天に対しては敬虔かつ柔順な態度で、物事に対処するときは簡易明快に、そして思いやり厚く、これを実行することが地からの恩恵に対して人間が報いるためにできることなのである。

『論語』に、孔子の弟子の季路が、鬼神に仕えることを孔子に問うたところ、孔子は、「未だ人に事《つか》ふること能はず、焉《いずく》んぞ能く鬼に事へん」と答えたのに、また季路が思い切って死のことを問うと孔子は、「未だ生を知らず、焉んぞ死を知らん」（先進篇）と答えている。これは人に仕えることも満足にできていないのに鬼神、すなわち神霊に仕えることを考えるのは早い。また死についても、まだ生を十分に理解していないのに、どうして死のことがわかろうかといった言葉だが、ここに見られるように、儒教では、死後とか霊魂というようなことよりも、現実に生きる事の方を重視しているので、儒教の伝統の中に生きた佐藤一斎は、人間の生死や栄枯盛衰を、

死生・栄枯はただ是れ一気の消・息・盈《えい》・虚なり。これを知れば則ち昼夜の道に通じて知る。（同前、一二七）

と述べて、気の消えたり生じたり、また満ちたり欠けたりすることによって起こるのであって、そのことから昼夜が交互にやってくるのと同様であることが理解されるといい、そして人間の生死が逃れられないものであるから、「我の死するや、応《まさ》にまた自然にして死すべし」（『言志録』一三七）といって自分の生死を自然に任せながらも、なお死よりも生の充実を考え、人は地から生まれて地に死するのであるから、地から離れず、地の徳を実践すべきというのである。

人は老いや死を考えるとき、無常を感じ人生に消極的になりがちだが、一斎はもっと積極的に生きて、地の徳に報いるべきと述べているようである。

33
紛閙《ふんどう》の衢《ちまた》に跼蹐《きょくせき》すれば、春秋の偉観を知らず

毎日忙しい生活をしていると、つい季節の移り変わりに気がつかないうちに月日が流れていってしまう。とくに都会の生活をしているとそうなりがちだ。

そのようなときに、ふと天気予報（今は気象情報というようだが）の時間などに、「今日は立春です」とか、「今日は啓蟄《けいちつ》という日で、冬籠もりの虫が土の中から這い出す日です」などという説明が入ったりすると、「ああ、春になるのだなあ」などと感じ入ったりするのである。日本にはこのような二十四節気や、節分や八十八夜、またお彼岸や土用といった雑節というものもあって、それらが年中行事として行われ、季節の節目を形造っているのである。このような二十四節気や雑節があることで、私たちの生活に何らかの潤いを持たせている。

随筆の古典である『徒然草』にも「折節の移り変はるこそ、物事にあはれなれ」（一九

段）と述べて、季節の移り変わりが、あらゆることにしみじみとした感情をもたらすといい、一般的には秋が趣深いといっているようだが、人の心を最も浮き立たせるのは春の景色だと思うと兼好法師はいうのである。

話を始めに戻して、忙しい日々には季節の移り変わりも忘れがちだが、江戸時代とて忙しい人にとっては変わりなかったのだろうか、佐藤一斎は、

城市紛鬧《ふんどう》の衢《ちまた》に跼蹐《きょくせき》すれば、春秋の偉観を知らず。田園閒曠《かんこう》の地に逍遙《しょうよう》すれば、実に化工の窮まり無きを見る。余嘗《かつ》て句有りて曰く、「城市春秋浅く、田園造化忙し」と。自ら謂ふ、人を瞞《あざむ》く語に非ずと。

（『言志後録』六七）

という。町の雑踏の中をせかせかと歩き回っていると四季折々の素晴らしさを知らぬ間に過ごしてしまうから、田園の広々とした中をぶらぶらと散歩でもすれば、自然の素晴らしさがわかるというのである。それとともに、慌ただしく生活していると、自然の大きさも忘れてしまうと次のようにも言う。

終年、都城内に奔走すれば、自ら天地の大たるを知らず。時に川海《せんかい》に泛《うか》ぶべく、時に邱壑《きゅうかく》に登るべく、時に蒼莽《そうもう》の野に行くべし。此れも亦心学なり。（同前、六六）

一年中、町中で仕事に奔走していると、自然の偉大さなどに気づく暇はない。したがって、時には川や海に舟を浮かべたり、またときには丘や山に登ったりすべきである。そうすることが、心を広く持つことになったり、物の見方を変えたりするのである。

しかしこの忙しいときに、重要でもないことをダラダラやられるとたまらない。ところが、

人は往往にして不緊要の事を持ち来り語る者有り。我すなはち傲惰《ごうだ》を生じ易し。太《はなは》だ不可なり。渠《かれ》は曾て未だ事を経ず、所以《ゆえ》に閑事を認めて緊要事と倣す。我、頬を緩めこれを諭すは可なり。傲惰を以てこれを待つは失徳なり。（同前、三六八）

というようなことになるのである。わかりやすくいうと、こうである。人は往々にして急用でもないことを持ってきて話して聞かせるのである。聞かされる方は、この忙しいとき

にツマランコトデと思って相手を侮って疎かに扱いがちであるが、それはとてもいけないことである。というのは、この話をする当人にとっては、その当のことはまだ未経験であるからで、そのためこの閑《ひま》にみえるつまらないことを重要なことと考えているからだ。そこでこちらとしてはぐっと我慢して、穏やかに話してやることが大切で、相手を見下すような態度で対処するのはその人が人徳を失うだけだというのである。

ここで一斎が言いたいのは、人はそれぞれの生い立ちや、過去に経験したことからその人の見方考え方が形成されており、それに知らず知らず拘われているということである。ところが、私たちはともすると、自分が考えていることを他人も同様に考えていると錯覚しがちなのである。そこで前記のようなことも出てくるのだが、そうならないためには大所高所から見る必要がある。そして何か物事を処理しようとするときには次のようにせよと言うことになる。

将《まさ》に事を処せんとすれば、当《まさ》に先づ略《ほぼ》その大体如何《いかん》を視て、而る後漸漸《ぜんぜん》以て精密の処に至るべくんば可なり。

（同前、六二）

現代人の生活は忙しい。資源のない日本にとってはこれは逃れられない宿命でもある。しかし人間らしく生きるには、四季の移り変わりや自然の景観を眺めるゆとりがなくてはならない。「君子は閒時《かんじ》には喫緊《きっきん》的の心思あるを要し、忙処には悠閒的の趣味あるを要す」（『菜根譚』前集、八）るのである。

暇がないといっているだけでは暇はできない。暇は自分から求めて作らねばならないのである。その暇、つまり生活の余裕があってはじめて見方考え方も柔軟になって豊かになるのである。

34

学は必ず躬《み》に学び、問は必ず心に問へ

オウム真理教の事件が明らかにされていく中で、その犯罪に加担した人々のほとんどが高等教育を受け、それも優秀な人材を輩出している名門大学に学んだ人々であることを知るとき、現代教育に何がしかの欠陥のあることをつくづく感じるのである。

そして今日優秀といわれる人々は、何をもって優秀と判断されているかを考えるとき、ただ教えられたことを覚え、それを以ていかに早く問題を解くことができるかというようなことによって与えられた評価ではないかという気がする。

そこで教育における最も重要な学ぶということについて、佐藤一斎の言葉を通して考えてみたい。

学ぶ者に書を読むを嗜《たしな》まざる者有れば、これを督して精を励まし書を読ましむ。大い

に書を読むに耽る者有れば、これに教へて静坐して自省せしむ。是れ則ち症《やまい》に対して
これを補瀉《ほしゃ》するのみ。

（『言志後録』八三）

という文がある。ここで一斎が述べていることは、学ぶ者にとって過去の知識の集積である書物を読むことが重要であることは当然のことである。したがって、読書を嗜まない人には読書を精励するが、読書ばかりしてそれに溺れるような人には静坐を勧めて反省させようというのである。このような方法は病気の際、「補」（栄養剤）を与えたり「瀉」（下剤）を与えたりするようなものでその人に応じた処方をするということなのである。つまり一斎は知識の習得は大切だが、それだけでなく静かに坐って考える、すなわち深く思考することを求めているのである。『論語』に「学んで思はざれば則ち罔《くら》く、思ふて学ばざれば則ち殆《あやう》し」（為政篇）とあるそれである。

ところで、一斎は口先でこのようなことを偉そうに言ったり、論じたりすることは何ら努力することなくできるわけで、そのことを批判するのを聞いて愕然《がくぜん》として次のように言っている。

聖賢を講説して、而もこれを躬《み》にする能はざるは、これを口頭の聖賢と謂ふ。吾れこれを聞きて一たび惕然《てきぜん》たり。道学を論弁して、而もこれを体する能はざるは、これを紙上の道学と謂ふ。吾れこれを聞きて、再び惕然たり。

（同前、七七）

世に教育者といわれる人は聖人や賢人のことを説き聞かせたり、道学のことを論じているが、自分自身身をもって行ったり体得しているひとはどれぐらいいるのだろうか。聖賢のことを説きながら、その人自身が行っていない人を口頭の聖賢（口先だけの聖賢）と言い、道学（聖人の教え）を論じながら自らは体得していないのを紙の上の道学というのである。

こう書いている私自身も、自分自身反省させられ、内心忸怩《じくじ》たるものがあるわけである。そして一斎は知行合一を説く陽明学を奉じているため体得・実践については一層厳しく反省しているのである。それで次のようにも言う。

学は諸《これ》を古訓に稽《かんが》へ、問は諸を師友に質《ただ》すことは、人皆これを知る。学は必ず諸を躬に学び、問は必ず諸を心に問ふものは、其れ幾人有るか。

（同前、八四）

学問をする際には古訓（昔の教え）から考えたり、師友に質問することによって学ぶことは誰でもが知っている。しかし躬をもって学び、心に問いかける人はどれぐらいいるだろうか。その数は寥々《りょうりょう》たるものであろうというわけで、そこが問題なのである。

さて最初の、高学歴の人が何故あのような事件を起こしたかということについて『論語』にぴったりした言葉がある。それは「信を好みて学を好まざれば、其の蔽《へい》や賊」（陽貨篇）である。わかりやすく解釈すると、やたら人の言うことを盲信して、学ぶことを嫌うならば、客観的に物事を見ることができなくなり、冷静に判断することができず人を害することになるというのである。

この文は、仁・知・信・直・勇・剛という一般的に見て、人間として身につける美徳であるが、これら六つの言葉も、学ぶことを好まないなら、それぞれ害をもたらす「六言六蔽」ということについて説いたものであり、その中の一項目だったわけで、どんな美徳も極端に走ると、ロクなことにはならないのである。ここの信じることも大切なことだが、盲信することは盲従することにつながり、信じさせる人が害毒を流せば、信じる人はそれを助長することになり、オウム真理教のそれはこれにあてはまる。儒教が極端を嫌い、中庸を尊ぶのはこういうことからなのであろう。

盲信しないためには、何としても正しい判断力を持つ必要があり、そのためには学ぶ必要がある。「学べば則ち固ならず」（『論語』学而篇）というように、学ぶことで視野が広くなり、柔軟な思考ができ、また論理的思考をすることで正しい判断がもたらされる。そして身をもって実践し、自らの心に問い熟慮し反省すれば、あのような事件は起きなかったはずである。

35 人の世を渉るは宜しく処に随ひ、時に随ふべし

政府の作成した一九九六年度の予算によると、国債を二十一兆二百九十億円も発行するという。それも償還財源のない赤字国債であり、過去最大の額である。国の人口一億二千五百万人で割ると一人当たり十七万二千百二十円ほどの借金になる。その結果、これまでたまっている国債と合わせた累積国債は二百四十一兆円になり、国民一人当たり百九十二万八千円になる。こんな多額の借金を国民に課すことになるのだが、これを回復するには容易ならぬことが予想される。そのうえ目下の不況で失業者が二百十八万人もおり、完全失業率三・四％は戦後最大の数であることを考えると、よほど腰を据えた抜本的改革が必要であるとともに、私達国民一人ひとりも今までの甘い考えのもとに生きていては打開できないであろう。

昔の言葉に、「入るを量りて以て出すことを為す」（『礼記』王制）というのがあり、これ

は「冢宰《ちょうさい》（宰相）、国用（国の経費）を定めるには、必ず歳の杪《すえ》（末）に於いてす。五穀皆入りて（その年の税収が収められて）、然る後に国用を制す」という文の結論の言葉なのである。つまり国の経費は、その国の収入を考慮して支出を決めるという当然のことをいっているのであるが、現在の政治においてはそれがなされていないから赤字国債を出さねばならなくなっているのだ。

これを個人の生活にあてはめるとどうなるであろうか、働いて稼いだ額よりも使う方が多いとお金は足りなくなり、家計は赤字、それを借金して支払う生活を続ければ、借金は雪だるま式にどんどん膨れ上がっていき、破産するのである。現在よく聞くカード破産は買いたいという欲望に負けて簡単にカードで買う、収入を上まわる支出をした結果のことで、「入るを量りて以て出すことを為」さなかったからである。

誰しも金持ちになり、身分も高くなりたいという願望があるのは当然であるが、それがかなえられたなら幸福になるかということについて、佐藤一斎に次のような言葉がある。

人生には貴賤有り、貧富有り。亦《また》各々其の苦楽有り。必ずしも富貴は楽しくして、貧賤は苦しとは謂はず。蓋し其の苦処よりこれを言はば、何れか苦しまざる莫からむ。

其の楽処よりこれを言はば、何れか楽しまざる莫からむ。然れども、此の苦楽も亦猶ほ外に在る者なり。

（『言志後録』六九）

人間には、貴・賤・貧・富があり、そしてまた人それぞれの楽しみや苦しみがあるのだが、富貴の人が楽しくて、貧賤の人が苦しいとは限らないのである。よく考えてみると、何事につけても苦しい方に目を向けるなら、お金があるならあるでもっと欲しいと思い、またそのお金を如何に増やそうかとか、減らないようにするにはどうすべきかと苦労するように、どんなことにも苦しみや悩みが付きまとうのである。反対に、何事についても楽しむ心で見るなら、顔回が、一箪の食を食べ、一瓢の飲を飲んで、陋巷に住んでも、そういう生活の中にも楽しみを見いだし（『論語』雍也篇）ており、孔子も疏食を食べ、水を飲み、肱を枕にして寝るような生活にも楽しみを見いだしている（同、述而篇）ように、その人の人生観にかかわるのである。

この苦楽というものは自分の外にあるものからの誘惑や刺激によって左右される面がある。そこでこの苦楽を左右するものからどのようにして脱却するかについて、一斎は王陽明の「楽は心の本体なり（楽というものは心の本然の姿である）」（『伝習録』巻中）を引いて、苦楽の中にあっても、それを超越し、自分の境遇に安んじて、外部に対する欲求を持たないことを『中庸』の第十四章の「君子は其の位に素して行ひ、其の外を願はず(自分の現状にふさわしい行動をとり、それ以上を望まない)。入るとして自得せざるなし(その場に自分が選び取ったものとして満足する)」という言葉を引いて、楽とはこの意味であるという。一斎の考え方について、以前の章でも述べたように、彼は自分が遭遇する境遇を運命として甘んじて受ける態度を持っている。ただこの甘んじて受けながらも、それをどのようにうまく処するかが問題なのである。そのことを次のように云う、

人の世を渉《わた》るは、行旅の如く然り。途に険夷《けんい》有り。日に晴雨有りて、畢竟《ひっきょう》避くるを得ず。只だ宜しく処に随ひ、時に随ひ、相緩急すべし。速やかならんことを欲して以て災いを取ること勿《なか》れ。猶予して以て期に後るること勿れ。是れ旅に処するの道にして、即ち世を渉るの道なり。

(『言志後録』七〇)

この世の中を生きていくのは、ちょうど旅をするようなもので、道中には険しい山もあ

れば平坦な道もあり、晴天もあれば雨の日もあるように、楽しいときもあれば苦しいときもある。要はその際、その時と場合に適した対処の仕方をしないといけないのであるという。

この人の生き方が、大きくは国の在り方に反映していくのであるから国が苦しんでいるときには、それに応じた生き方が求められ、それを実行しないといけないのである。ところが現代人は国から何かしてもらうことには熱心だが、自分が国にしなければならない義務には消極的である。このような利己主義と個人主義の区別をわきまえないような人々に振り回されないで、正しく国民を導いて、赤字国債を解消するように国民を導くのが政治家の使命である。そのためには上に立つ者自らが率先して国民に生き方の範を垂れる必要がある。金まみれ嘘まみれの政治家には国民は従わないのである。

＊国の借金は、ここに述べられている時から、一度も減ったことはなく増加している。失業率は減り、好景気が続いているにもかかわらず、景気以上に支出が増加して、いまでは一千兆円を越えてまだ増え続けている。国民はそれに痛みを感じることもないので慣れっこになって、未来へ借金を遺していくのだろう。

36

遊観は学に非ざるは無きなり

春、三月下旬から四月にかけて、日本中を桜前線が北上していく。桜花爛漫《らんまん》と咲く中を、のんびりと散歩しながら春の風情を楽しむというようなことは、想像しただけでも心なごむものがある。

このような自然の中にあって、孔子が感慨をもらした言葉をとりあげた佐藤一斎の文章を味わってみたい。

孔子、川上に在りて逝《ゆ》く者を嘆じ、滄浪《そうろう》を過ぎて孺子《じゅし》に感じ、舞雩《ぶう》に遊びて樊遅《はんち》を善しとし、浴沂《よくき》に曾点に与《くみ》し、東山に登りて魯国を小とし、泰山に登りて天下を藐《ばく》とす。聖人の遊観は学に非ざるは無きなり。

（『言志後録』七三）

この文は、『論語』と『孟子』の中にある孔子の言動からいくつかを抄出したものである。そして結論は、「孔子の遊観は学に非ざるは無きなり」、つまり遊観することはすべて学問であるということである。この文の遊観の「遊」というのは「遊説」「遊学」と使われている「遊」で、故郷を離れて他国を旅する中で何かするという意味であり、孔子が異郷を旅する中で経験し、観たものというような意味である。

さて、初めから順に見ていくと、「逝《ゆ》く者はかくの如きか」（『論語』子罕篇）と言って、万物は川の流れのように、昼夜も休まず過ぎ去ってゆくものかと慨嘆しているものであるというのは、すでに述べた（32章）。

次は「滄浪の水、清まば以て我が纓《えい》を濯《あら》ふべし。滄浪の水、濁らば以て我が足を濯ふべし」と孺子（童児）が歌っているのを孔子が聞いて、この歌のように、川の水が澄んでいるときは冠の紐を洗うが、濁っていると足を洗うというように、そのどちらになるかは、水それ自体の在り方が招くのである（『孟子』離婁上篇）というものである。

この歌は、『楚辞』（漁父）にもあり、憂国の詩人屈原が出会った漁師が歌っていたもので、そこでは屈原が清廉潔白に生きようとして、この濁り汚れた世に生きられないと嘆いているのに対し、世の中が清んで（治まって）いるときは出仕し、世の中が濁って（乱れて）

いるときは隠棲するというように、その世の中に合わせて生きれば良いということを譬えて歌ったものであるが、孔子はこれに別の解釈を与えて、人間の生き方には、人それぞれのとる態度によって決まるので、その人自身に責任があるのだと述べているのである。

三つ目は、孔子が門弟たちと舞雩《ぶう》という雨乞いをする舞台のあたりを散策しているときに、弟子の樊遅《はんち》が徳を高めることについて質問した（『論語』顔淵篇）のを褒めた文である。

四つ目は、『論語』の中でも最も長い文からのもので、孔子が弟子たちに、各自の抱負を語らせたときに、弟子たちはそれぞれ政治家として、どの程度の国を治め、どのような政策を施したいかを述べたのに対し、曾子の父の曾点《そうてん》は、「暮春に春用の服を着て、五六人の青年と、六七人の少年を連れて、沂水でゆあみをして、舞雩の台のあたりで涼みをして、歌でも歌って帰りたいものだ」といったのに、孔子は「私は曾点に賛成だ」（『論語』先進篇）と言っている。そこには政治家として実績をあげるというように、あくせく働いて立身出世するのを願うのではなく、世俗の欲望を離れた、心休まる世界に遊ぶことを望んでいるのである。

最後は、孔子が東山に登って自分の生国の魯を小さいと思いまた泰山に昇っては、天下は小さい（『孟子』尽心上篇）と言ったというもので、高い山から見下ろすように、大きな高い立場から物事を見て判断する必要があり、山を登ることからでも、このようなことが学べると述べているのである。

このように、孔子は野や山を散策したり登ったりする中からも、いろいろな形で、本などから学べないものを学ぶことができるのであって、人はその時その場において経験するものから、何らかのものを学べるし、また学ばねばならないのだと一斎はいっているのである。そしてそれをもう一歩進めて、その経験も、遠い処へ旅したり、その際に苦難に出会うともっと大きなものが得られると、孔子が実際に会った苦難をあげて示したのが次の条であり、その結論として「聖人の学、蓋し遠游、艱難に得るや多し」（『言志後録』七四）という。孔子は政治上の理想を実現するために、遠くの国々まで旅して国王を説いてまわった。その際に、いろいろな苦難に出会って苦労したからこそ、より広い、より深い思想を形成したというのである。

このように考えるので、佐藤一斎は自分の学問について次のように述べる。

吾人の学を為すや、ただ喫緊に実際なるを要す。終日学問思弁し、終日戒慎恐懼《かいしんきょうく》するは、便ちこれ現在《げんざい》篤行の工夫なり。学はこの外無きのみ。（同前、一六四）

わかりやすくいうなら、我々が学問をするのは、日常の切実な問題に対し実際に役立つようでなくてはならない。毎日学問に精励し、自分に厳しく戒め慎んでいるのは、現実の状況の中で、誠実な行動をとるための修行であって、学問とはそれ以外にはないのである。このことを一斎の奉ずる王陽明の言葉でいうと、「事上磨錬」(『伝習録』下巻)ということであるが、このことについてはまたの機会に述べるとして、最初に戻り、私たちは桜の花を見、自然に親しむ中からも、人の心を育む何かを学び得ることを再認識する必要があろう。

37 心の安否を問ふことを知るべし

最近は新聞を賑わす事件がやたら多い。そのため事件が起きたときは話題となって騒がれるが、少し時間が経つと、その間に起きる新たな事件のため、それらに紛れて忘れてしまう。阪神・淡路大震災、いじめ自殺、オウム真理教とサリン事件、元労相の汚職、トンネル落盤事故、そして住専問題と次から次へと引っ切りなしである。

このように騒がしく慌ただしい世の中に生活するとき、私たちはそれらの事件にかまけてつい自分を失いがちになる。『孟子』の言葉に、「人、鶏犬の放たるること有れば、則ちこれを求むることを知る。心を放つこと有るも求むるを知らず。学問の道は他無し。この放心を求むるのみ」（告子上篇）というのがある。人は自分の飼っている鶏や犬が逃げ出したら大騒ぎをして探し求めることはするが、自分の心がなくなってしまっても、探し求めることはしない。だから学問をするのは何のためかというと、この失った心を求めることだというのである。この心について、また次のようにも言っている。「君子の人に異なる所以《ゆえん》は、その心を存するを以てなり」(同前、離婁下篇)と。君子つまり立派な人が、普通の人と違う点は何かというと、自分の心を存すること、つまり他の人と違って自分なりの心をしっかり持つということで、これを言い換えれば、その人が人間としての自我を確立し、主体性を持つということなのである。だから孟子は「その心を存する者は、その性を知る」(同前、尽心上篇)とも言って、本当に自分を知っている人は、自分の本性がどのようなものであるかを知っているというのである。話が『孟子』にばかりに集中してしまったが、この文のタイトルにある『言志四録』に学ぶ面に戻して述べるなら、佐藤一斎は、

人は皆身の安否を問ふことを知れども、而も心の安否を問ふことは知らず。宜しく自ら問ふべし。能く闇室を欺かざるや否や、能く衾影《きんえい》に愧《は》ぢざるや否や、能く安穏快楽を得るや否やと。時時《じじか》是くの如くすれば、心すなはち放たれず。(『言志後録』九八)

と述べて、人は誰でも自分の身の安否について問うことは知っているが、心の中の安否、すなわち心が安らかにしているかどうかを問うことを知らないのである。だから誰もみな

自分に対し、暗い部屋の中で、たとえ人が見ていなくても自分の良心に背くようなことをしていないかどうか、夜、寝静まっているとき、夜着に対して、また昼、外出するとき、自分の影に対してというように、人の知らない処で恥ずかしいことをしていないかどうか、そして心が安穏に快く楽しんでいるかどうかを問うてみるがよいと。日頃このように反省していれば、心は放逸に流れることはなくなるというのである。

日本には昔から、「旅の恥はかき捨て」という諺があって、知っている人がいないと日頃の抑制から解放されて、身勝手な恥ずかしいことまでもするのである。これこそ自分を失っている姿である。知っている人がいるいないにかかわらず、自分に厳しくないといけないわけで、知っている人がいないなどと思って侮っているのは大間違いである。そのことについて「楊震の四知」という言葉がある。それは後漢の楊震に対して、ある人が賄賂を贈ろうとして、「誰も知らないから」と言ったとき、彼は「天知る、神知る、我知る、子知る。何ぞ知ることなしと謂ふや」（『小学』外篇）と答えている。「壁に耳あり」ぐらいではすまない、「天網恢々《かいかい》、疎にして失はず」（『老子』第七十三章）なのである。ともあれ自分の心に問い質《ただ》して、良心に恥じない行動をとればよいわけである。それで一斎は、

君子は自ら慊《こころよ》くし、小人は則ち自ら欺く。君子は自ら彊《つと》め、小人は則ち自ら棄《す》つ。上達と下達とは一の自の字に落在す。

（『言志後録』九六）

と述べて、君子たる者は自分の良心に従って、日頃から自己充足するよう努力するが、小人は欲望に流されるまま、良心に反したことをして堕落する。したがって、向上するか堕落するかは「自」というこの一字にかかっているのであるという。つまりその人の主体性にかかわるということである。それで一斎は、

学ぶ者は当《まさ》に先づ自ら己に心有るを認むべし。而る後に存養に力を得ん。また当に自ら己に心無きを認むべし。而る後に存養に効を見ん。

（『言志晩録』一〇）

とも言うのである。ここの「己に心有る」とは主体性を持った自分ということで、それを認識しなければならないということは、自己確立をせよということで、そういう人が自己修養をして人格を磨くことができるといっているのである。そして後半の「自ら己に心無き」というのは、「己」すなわち自我欲であり、「心無し」とはそれに執着する心を持たな

いということなのである。修養してそのようになるとき、理想的な人格へと近づいていくことになるのである。このような心すなわち精神的状態になるために、佐藤一斎は静坐をすることを説く。

事有る時は是れを以て省察し、事無き時は是れを以て存養し、以て静座の工夫と為《な》すべし。

（『言志後録』一二八）

ここで一斎は、静坐するに際して、多忙なときは自分自身の行動について厳しく理非曲直を洞察して反省し、閑暇のときには静かに心を見つめ自分の本性を養うことが肝要だとし、それが静坐の際の一つの工夫だというのである。このように自分自身を反省し、本当の自分を知るということの大切さは、『論語』の「吾、日に三たび吾が身を省みる」（学而篇）をはじめとして述べられ、そこから「己を修めて以て百姓《ひゃくせい》（万民）を安んずる」（憲問篇）に至るようにまでなれば、そこは最高の境地であろう。この境地は、尭や舜のような聖王でも苦労したと孔子は述べているが、そこに向かうためにもまず本当の自分を知ることから始まる。自分を知ってはじめて他の人も理解でき、愛せるようになるのである。

38

血気には老少有るも志気には老少なし

昔から六十歳になると干支が一巡りするから還暦といって祝った。また七十になっては杜甫の詩の「人生七十、古来稀なり」にちなんで古稀を祝うが、今では六十どころか、七十も稀ではなく当然になってしまった。

それもそのはず、総務庁の推計によると六十五歳以上の高齢者は一千七百五十七万人（総人口の約一四％）もおり、そのうち四百十三万人の人が働いているというのである。そして西暦二〇二〇年には六十五歳以上の人は二五％を超すと推計されている。このような高齢化に伴い、老人に対する福祉の強化が必要になり、特に厚生省は来年度から公的介護制をスタートさせようと準備をしている。

私たちは長生きすれば誰しも老人となる運命が待っており、高齢化社会を担わねばならない。この高齢化というのは、総人口の中で六十五歳以上の人の割合が増大することをいうのだが、その高齢化がスウェーデンの一七・七％を筆頭に、イギリス、デンマーク、ドイツ、フランス、イタリアと続いて、日本が世界の七番目の高齢化国なのだ。そこで、このような高齢化に際し、老人はどのように生きるべきかを佐藤一斎の言葉から考えていこうと思う。

一斎は次のように言う、

老人は衆の観望して矜式《きょうしょく》する所なり。其の言動は当に益々端なるべく、志気は益々壮なるべし。尤《もっと》も誼《よろ》しく衆を容れ才を育《はぐく》むを以て志と為すべし。今の老者、或は漫《みだ》りに年老を唱へ、頽棄《たいき》に甘んずる者有り。或は猶ほ少年の伎倆《ぎりょう》を為す者有り。皆非なり。

（『言志後録』一〇八）

矜式とは敬い見習い、手本とすること、端とは正しいこと、つまり、老人に対して、多くの人々はその生き方を見、そしてその生き方のなかに、手本として何かを学ぼうとしている。したがって老人は、その言動はいよいよ正しくしなければいけないし、その志気もますます壮、すなわち精神的に健康で意気盛んでなければならない。そのうえ、多くの若い人々を包容する度量を持ち、また若い人々の才能を伸ばしてやるよう努力することを目指さねばいけない、という。ところが今の老人のなかには――と一斎は当時の年を取った人に対して批判して言うのであるが――やたら自分が年を取っていることを鼻にかけて今の若い者はダメだと非難し、また自分は年を取っているから若い人と違ってそんな無理なことはできない、などと言って甘え、積極的に自分でしようとしない。そのような人のなかには若い人がするような未熟なことをする人もいる。こんな人は皆間違った生き方をした人だ、というのである。

一斎は、年を取ってもすべきことはしなければいけないという考えであり、

百年すとも再生の我れ無し。其れ曠度《こうど》すべけんや。（同前、一〇九）

というように、百年経っても、再び自分は生まれでてくることはない、だから曠度――曠度には広い度量という意味もあるが、ここは曠（空しく）度（わたる、過ごす）と解釈すべきところで、何もせず空しく日々を過ごすことができようか、いや時間を空費や浪費してはいけない、というのである。そしてまた次のようにも言う。

血気には老少有るも、志気には老少なし。老人の講学には、当に益々志気を励まして、少壮の人に譲るべからざるべし。少壮の人は春秋に富む。仮令《たとい》今日学ばずとも猶ほ来《らい》日《じつ》の償ふべき有る容《べ》し。老人は則ち真に来日無し。尤《もっと》も当に今日学ばずして而も来日有りと謂ふこと勿《なか》るべし。

（同前、二四三）

血気盛んという言葉があるように、若い人は血気つまり身体的な元気が溢れており、それにひきかえ老人は血気が衰えるのは、肉体上の衰えがあるからどうしようもない面がある。しかし志気、つまり精神的気力には若いも年寄りも関係ない。心の持ち方である。だから老人が学ぶに当たっては志気を励まして若い人に負けないようにしないといけない。若い人はまだ先があるから今日学ばなくても将来学ぶチャンスがあるが、老人には先がないのだ、という。だから一斎は、朱子の「謂ふ勿れ、今日学ばずして来日有りと」（「勧学文」〈『古文真宝』所収〉）という言葉をとりあげて、これを老人の実行目標としているのである。一斎が若い人に負けない志気を持つことを勧めるのは「老成の時は当に少年の志気を存すべし」（『言志録』三四）という言葉にも表れている。

一斎が『言志後録』を書いたのは、文政十一年（一八二八）から天保八年（一八三七）にかけてで、特に二四三番の条文の末尾には天保八年十二月一日の日付がある。ということは六十六歳のころなのである。そして一斎の老年における勉学ぶりは、息子の佐藤立軒の書いた「皇考故佐藤府君行状」に、年を取っても毎日怠ることなく、暑い日でも寒い日でも、夜遅くまで刻苦勉励したことが描かれており、この文を書いた後、自分でも引退しようと考えていた古稀の年に幕府の儒員に抜擢され、安政六年（一八五九）、八十八歳で亡くなるまで孜々として学び、そして教えたのである。

佐藤一斎は陽明学の知行合一を地でいったといえよう。このような文にふれた私たちは、少しなりとも一斎の生き方に近付くためにも、年を取っても志気を失わないように心掛けたいものである。そうすれば「志有る者は事竟《つい》に成る」（後漢の光武帝の言葉〈『後漢書』〉）ということになるはずである。

＊高齢化については、第3章、第4章の補注で述べたので参照されたい。

39

名利は固より悪しき物には非ず

国会では相変わらず住専問題が論議され、バブル経済の中で不正に蓄財した人々が次々と追及されていた。彼らは「不義にして富み且つ貴く」なった人々であって孔子の最も嫌う人々である。孔子は富や地位について「疏食を飯ひ水を飲み肱を曲げてこれを枕とす。楽しみ亦その中に在り。不義にして富み且つ貴きは、我において浮雲の如し」（『論語』述而篇）と述べている。そしてこの貧しい中にも楽しみを見いだして生きた顔回について、「賢なるかな回や、一箪の食、一瓢の飲、陋巷に在り。人はその憂ひに堪へず。回やその楽しみを改めず、賢なるかな回や」（同、雍也篇）と称賛しているが、この孔子の後継者と目されていた顔回は若死にしてしまった。貧しかったため栄養不良で病気になったのだろうか。

ここで少し考えないといけないのは、貧しいのがいいのではないことである。不正を行って富み且つ貴くなるよりは、貧しくとも正しく生きるのがいいと言っているのである。

正義をもって富み且つ貴くなることは、何ら妨げてはならないのである。そのことを幕末を生きた佐藤一斎は次のように言う。

名利は、固《もと》より悪しき物には非ず。但だ己私《こし》の累《わずら》はす所と為《な》るべからず。これを愛好すと雖も、亦自ら恰好の中を得る処有り。即ち天理の当然なり。凡そ人情は愛好すべき者何ぞ限らむ。而れども其の間にも亦小大有り、軽重有り。能くこれを権衡して、斯《ここ》に其の中を得る、即ち天理の在る所なり。人は只だ己私の累を為すを怕《おそ》るるのみ。名利豈《あ》に果して人を累せんや。

（『言志後録』一二一）

名誉心とか功利的な心を持つことはひとつも悪いことではない。ただ己私すなわち利己的自我欲によって煩わされてはいけない。たとえ名誉や利益を愛し好んだとしても、そこには恰好《こうこう》（この字はカッコウと読んで姿の意とするが、本来はコウコウで適当な、丁度良いという意味である）つまり適当な、中庸を得たところがあるはずで、極端になってしまってはいけない。そのような中庸を得たところこそ天理の当然なところである。一般的に言って、人間の心の愛し好むものに、どうして限界があろう。本来は際限ないものだが、しかしそういう中にも大小や軽重があって、それらを十分に考慮して、それぞれの中庸を得るところ、そこが天理の在り場所である。ところが一般の人々は利己的欲望が強く災いを引き起こすので、それを心配して名誉とか利益とかいうことを毛嫌いしているが、本来の名誉心や功利心は人々に災いをもたらすものではないのだと一斎は言うのである。

現実に人々の姿を見るとき、彼らは富と貴に非常に関心を持っている。そのことを「富と貴きとはこれ人の欲する所なり。その道（正しい方法）を以てせずんば（手に入れるのでなかったら）これを得るも処らざるなり。貧しきと賤しきとはこれ人の悪《にく》む所なり。その道を以てせずんば、これを得るも去らざるなり」（『論語』里仁篇）というのが正しい考えなのである。すなわち正当な方法で得た富や地位は、それを手にするのは当然なのである。不正を行って得るのがいけないのである。孔子は「君子は世を没《お》えて名の称せられざるを疾《にく》む」（同　衛霊公篇）といい、また「後生畏るべし。いずくんぞ来者の今に如かざるを得んや。四十、五十にして聞こゆるなきは、斯《すなわ》ちまた畏るるに足らざるのみ」（同前、子罕篇）と言うように、名誉心がないのではない。

私の好きな明の官僚思想家呂坤は「士には三つの顧みざるあり。道を行ひ、時を済ふ人は、身を愛することを顧み得ず。富貴利達の人は、徳を愛することを顧み得ず。身を全く

し害に遠ざかる人は、天下を愛することを顧み得ず」（『呻吟語』品藻篇）と述べて、最初の士が真の士であり、次は利己的欲望のかたまりで道義を理解しない人、最後は世の中のために何ら行いをしない保身の隠者である。

そして見識のない士に三つの恥があると言って、「貧しきを恥ぢ、賤しきを恥ぢ、老いたるを恥づ」と言い、次に君子の恥について「親在して貧しきは恥なり。賢を用ふる世にして賤しきは恥なり。年老いて徳業聞こゆるなきは恥なり」（同前）とも言い、また「名のために修め、利のために励《はげ》み、夙夜実行に汲々たる者は賢人なり」（同前）とも言っている。つまり本当に恥ずかしいのは、年老いた親がいながら、懸命に働いて親孝行をしないため、貧しい中に暮らさせる、また賢者が登用される世の中なのに登用されないのは、賢くなるための努力、つまり学問や修養をしていないからであり、年をとった時に、徳行と事業に優れた仕事をしていないの三つなのである。そして賢人は名誉のため、利益のために励んで、朝早くから夜遅くまで汲々と努力しているという。

ともかく勉強努力すれば、「学ぶや禄その中に在り」（『論語』衛霊公篇）というように名利はひとりでについてくるのである。「名利は厭ふべきに非ず」（『言志耋録』二〇五）であり、名利は貪《むさぼ》るべからずなのである。

40

書を読むには、澄心端坐《ちょうしんたんざ》し寛《ゆる》やかに意思を著くべし

江戸時代の朱子学者林羅山の「行状」（羅山の第四子、読耕斎の撰）を読んでいたら、羅山の秀才ぶりを「其の書を読むや、五行倶《とも》に下り、日々おおむね寸余を以てこれが制を為す」とあって、書物の読み方が、一度に五行ずつ読み下していた。したがって、毎日一寸以上の厚さを読むことをノルマとしていたという。

このような読み方による厖大《ぼうだい》な読書が、博学羅山を作り上げたようだが、この五行をいっぺんに読み下していくという読み方は、中国では『蒙求』に「応奉の五行」という標題で話が載っていて、後漢の応奉（字は世叔）は、若いときから聡明で、彼が経歴したところはすべて暗記しており、「書物を読む時は五行並び下る」と出ている。現在ではさしずめ斜め読みというところであろうが、それでいてこの五行いっぺんに読むような読み方でも、すべて記憶していたというところが凄いのである。

この応奉のような人が、時代が下って北斉の時代にもいた。裴諏之《はいしゅし》（字士正）という男で、彼はある時、常景という人から書物を百巻借りて、十日ばかりして返した。常景は十日ぐらいでは読めるはずはないと思い、その書物の内容について巻を追っていろいろ尋ねたところ、裴諏之はすべて正しく答えたため、常景は感嘆して「昔、応奉が五行一緒に読み下し、禰衡《でいこう》が一度見たらすべて暗記したというが、それを現在裴諏之に見いだした」（『北斉書』巻三十五）と言った話がある。このように応奉にしろ裴諏之にしろ、そして我が国の林羅山にしろ、彼らは特殊な才能を持っていたためにこのようなハナレワザを行うことができたが、私たち凡人はこうはいかない。やはり地道に読まねばならないと思う。

そして読むにはそれなりの態度を持つべきと説くのは我が佐藤一斎である。彼は言う、

書を読むには、宜しく澄心端坐《たんさ》し、寛《ゆるや》かに意思を著くべくして、乃ち得る有りと為す。五行並び下るとは、何ぞ其の心の忙なるや。

（『言志後録』二三五）

と述べて、読書するには心を澄まして、つまり雑念を払って姿勢を正しくして坐り、ゆっくり落ち着いて考えながら読むときに、所期の目的が達せられるといい、五行一ぺんに読

むとは何と忙しすぎやしないだろうかというのである。早く読むよりは何度も熟読する必要があることは「韋編三絶」（『史記』孔子世家）や「読書百遍義自ら見《あら》はる」（『魏志』注）という諺や成語があることでもわかる。一斎は続けて文を作ることについて次のように言う。

文作るには、宜しく命意立言し、一字も苟《かりそめ》にせざるべくして、乃ち瑕《きず》無しと為す。千言立ちどころに成るとは、何ぞ其の言の易《い》なるや。学ぶ者其れ徒《いたず》らに才人に効顰《こうひん》し、以て忙と易とに陥ること勿れ。（同前）

ここで一斎は、文章を作るのは、書物を読むのと同様であって、自分の意図するところをはっきり述べて、一字もゆるがせにしないように書いて、はじめて達意の文ができるのであり、したがって、五行読み下しと同様に、千言立ちどころに成るというような文章は、何と言葉遣いが安易すぎやしないか、学問をする人は、やたら才能ある人の真似をして、五行読み下しや千言立ちどころに成るようなことはしてはいけないのである。才能ある人がするのはかまわないが、私たち凡人は、やはり一斎の警告に従うのが当然である。忙しい現代に生きる私たちは、ややもすると何事につけても性急になりがちである。そういう時代だからこそ、ここはじっくり構えて冷静沈着に見据える必要があるのだと思う。

そのことを前の章に続いて私の好きな明代の官僚思想家呂坤の言葉を引くなら、「学を為すの第一の工夫は、浮躁の気を降し得て定めんことを要す」と言い、「学問は、心を澄ますを以て大根本と為し、口を慎むを以て大節目と為す」（『呻吟語』問学篇）というように、浮ついた騒がしい心を抑えて、心安らかで静かでないといけないわけで、それを一斎は、

読書もまた心学なり。必ず寧静を以てして、躁心を以てする勿れ、必ず沈実を以てして、浮心を以てする勿れ。（同前、一四四）

という。読書は心を求める学問でもあり、それは多読をするのではなく、

不苟《ふこう》の字、以て過《あやま》ちを寡《すくな》くすべし。（同前、一一二）

というように、一字でも疎かにしないようにして、過ちを少なくするような読み方がその人の生き方にもつながっていくのである。

41

忘るる勿れ、助長する勿れ

最近亡くなった原田種成博士の『私の漢文講義』（大修館書店）という本を読んだ。先生は中で、日本の古典としての漢文を縷々説かれ、学校ではもっと漢文をしっかり教えるべきであると主張されているのであるが、この書の最後に、現在使われている故事について、「故事成語というものは、会話や文章の表現を豊かにし、複雑な内容を極めて簡明に適切に言い表すことができるが、これらは古典に典拠があるものが多いから、正しく使わないといけない」と言われ、現在誤用されている字について言及している。その例として「私淑」をあげて、この「私」は「ひそかに」、「淑」は「良くする」の意味で、直接会えない人を敬慕することである（『孟子』離婁下篇を典拠とする）のに、直接会うことのできた人や教えを受けた人について用いられているのは、この「私」を「私的に」と解釈しているらしいと述べられる（このことは同氏の『漢文のすすめ』〈新潮選書〉にも詳しく述べられている）。

このように漢字の中には、本来の使い方から誤って用いられたり、書かれたりするものがかなりある。しかし多くの人がそれを使い、それが当然のようになると、それが許容範囲の中に入ってしまうのである。例えば「病、膏肓《こうこう》に入る」の膏肓をコウモウと読むのは、肓《こう》を盲《もう》と誤って読んだのが定着したのであり、「助長する」は、本来は『孟子』（公孫丑上篇）にあるように、「ある農夫が隣の畑の苗の生長に比べ、自分の畑のそれの生長が遅いので、その苗を引っぱって伸ばそうとしたため、みな枯れてしまった」という話から出ているのである。このように、本来もっている資質を外からの力で無理に成長させてはいけない時に使われるものだが、現在は、能力などを伸ばし、それを助ける時に使われているのである。

佐藤一斎は、この「助長」を使って教育について次のように述べる。

「忘るる勿《なか》れ、助長する勿れ」と。子を教ふるも亦此の意を存すべし。厳にしてしかも慈、是れも亦、子を待するに用ふれば可なり。

（『言志後録』一六〇）

最初の『孟子』の引用の「忘るる勿れ、助長する勿れ」は着実に努力することを忘れてはいけない、そして無理して成長させるようなことをしてはならない、つまり自然にその子の持っている素質に従って伸ばしていくということで、子供を教育する際にも、この心を忘れてはならないという。それに子供には厳しさが必要であり、それとともに、慈しみ愛する心をもって接すればうまくいくというのである。

ところで、今日のように子供の数が少なくなると、勢い親は子供を溺愛する。その上、親はその子に過剰の期待をかけることになる。隣の中国でも、人口の抑制のため、一人っ子政策が採られているため、子供は「小皇帝」と呼ばれるように大事がられ、日本と同じ状況にあるようだが、その結果子供は我が儘で勝手なことをするようになってしまうようだ。それは子供にとっても不幸な状況なのである。

このような点について一斎は、

子を教ふるには、溺愛《できあい》して以て縦《ほしいまま》を致す勿れ。責善して恩を賊《そこな》ふ勿れ。

（同前、一五九）

という。前半は読むだけですでに自明のことであるが、後半の意味は、親が子に、無理に善いことをしなさいと責める、つまり親の考えを子に押し付けてさせる。このようにすると子供の方から反抗されて親子が離反しその関係が悪化する。そのようなことにならないようにせよと一斎は言うのである。親が子に教える時は感情的になりがちなので、昔から、親は子に教えるものではない、したがって、子を教える時は、他人の子供ととりかえて教えた（『孟子』離婁上篇）とあるように、一斎も、

子を易《か》へて教ふるは、固《もとよ》り然り。余謂《おも》へらく、三の択ぶべき有り。師択ぶべし。友択ぶべし、地択ぶべし、と。（同前、一六二）

という。子供の教育には、先生、友人、環境が大切なのである。しかし、今日学校に入るからには自分の好きな先生を選ぶことはできない。先生を選ぶことができるのは、選択科目を選ぶ時や大学を選択する時にできるが、先生を求めて大学を選ぶということはほとんどないのが現代の大学進学の状況のようである。

次に、友を選ぶことは大切である。「朱に交われば赤くなる」というように、子供時代の友人の影響は非常に大きい。『論語』にも「益者三友、損者三友」（季氏篇）といって、正

直な人、真面目な人、博学の人を友達にすると有益であり、外づらを気にする人、おべっかを言う人、口先だけの人を友達にすると損だという。また「己に如かざるものを友とする勿れ」（学而篇）と言い、自分にない優れたものを持つ人と友達になり、切磋することが大切なのである。

三つ目の、環境が大切なことは「孟母三遷」（『列女伝』）の教えをだすまでもないことだが、今日の住宅事情を考えると、贅沢は言えないのである。

こう考えてくると、子供の教育事情は難しいが、とにかくできることからしていかなければならない。その意味で、「忘るる勿れ、助長する勿れ」云々と説く一斎の言葉は、心掛け次第で実行できるのである。ともあれ知ったからにはまず行うことである。

42

よく人の言を受くる者にして而る後に一言すべし

現在、私は大学で図書館のことを担当しているが、先日のこと、新しく入ったコピー機を使っていた学生が、コピー機の操作を誤って自分の意図しているサイズでないのが出てきた時のことである。私に向かって、「おじさん、コピーしくじったからお金返して」と言ってきた。ちょうどそこに居合わせた若い先生が、「自分でミスしてお金を返せとは何ということを言うのですか、まして館長に向かっておじさんとは何という言葉遣いですか」と叱りつけた。その学生は随分口答えをしていたが、最後に、「私はおじさん返してと言ったのは、親しみを込めて言ったのであって、なにも失礼なことは言っていない」と泣きべそをかきながら弁解していた。

今の学生が育ってきた環境では、このような学生が出てくるのも無理はないのである。と言うのは、今日の理想の先生というのは、親しみのある優しい先生であり、したがって、先生に親しみを込めてものを言うのは無理からぬことなのである。それとともに学生は、親しみのある優しい先生に対しては甘えるのが無意識になされるわけで、その結果、学生は自分に都合のいいように発言するし、また理屈づけをすることになる。そこには自分に対する厳しさよりも、己に対する甘えがあるのだが、これは何も今に始まったことではない。佐藤一斎の言葉でも次のように言っている。

人は多く己の好む所を話して、己の悪《にく》む所を話さず。

（『言志後録』一一六）

私たちは自分の好きなことを話すというのは、自分に都合のいい話はするが、自分が憎むつまり自分にとって都合の悪い点は話さないと言っているのは当然である。しかし冗談を言ったり、ふざけたりして言うことには、

戯言《ぎげん》固《もと》より実事に非ず。然れども、意の伏する所必ず戯謔《ぎぎゃく》中に露見して、掩《おお》ふべからざる者有り。

（同前、一八五）

というように、「冗談ですよ」と言ったこととか「ふざけてした」ことは確かに真実のことではないでしょう。しかしその中には、当のその人の考えていることが何らかの形で現れていて、隠しおおせるものではないのであると一斎は看破しているのである。

話を最初の学生に戻すと、「おじさんお金返して」には、当人の心の中に、無意識のうちにそのような考えがあったことが問われるわけで、そこには自分に対する甘さがあり、自分の行動に対する責任をとらない風潮をかいま見る思いがするのである。

三年前、ベストセラー『清貧の思想』を書いた中野孝次氏は、「我慢の思想」（平成八年七月二十四日付、『毎日新聞』）という文の中で「このごろよくわたしは、その昔教えこまれた徳目のいくつかが今や失われていることに気づいて、これはなんだろうと思う」と述べて、失われた徳目として「我慢、辛抱、克己、自制、忍耐、廉恥、倹約」を挙げられ、これらが現在は徳目どころかマイナスのイメージで見られているという。そして子供の時に「我慢しなさい」「辛抱しなさい」と言われて育たなかったために「自分の欲望のことしか念頭にない。他人への迷惑などということを考えない若者がぞろぞろ育ってしまったにちがいない」と述べられているが、この現象は若者だけでない。七〇年安保闘争の後、学生たちの無気力な状況を表した言葉に、三無主義とか五無主義というのがあったが、その中に無責任とか無節操等というものがあって中野氏のいうような徳目をもとめる心が失われていった人が多かったように思える。そう考えると若者だけでないのも当然なのである。

このように、自分に甘く、自分に都合のいいことを話すような人ばかりになっては大変である。それは自分勝手な利己主義者の集まりということだ。自己主張は確かに必要であり、自分の意見をしっかり持つということは大切だが、その反面には、他人の意見を聞き、他人の人格を認めるということがあるのである。一斎の言葉には次のようにもある、

能《よ》く人の言を受くる者にして、而る後に与《とも》に一言すべし。人の言を受けざる者と言ふは、ただに言を失ふのみならず、まさに以て尤《とが》めを招かん。益なきなり。

（同前、一六八）

と。わかりやすくいうと、他の人の言葉を素直に聴き容れることのできる人、『論語』の「耳順」の人といえようか。そのような自分には厳しく、他人に対しては度量のある人であってはじめて共に語りあうことのできる人であり、他の人の言葉を受け入れないような狭量な人は、ただいくら喋っても、人々から受け入れられないばかりでなく、その言葉か

ら失敗を招くだろうし、得るものもないのだというのである。

このように他の人の言葉を受け入れる度量のある人こそ君子なのである。この君子は他の人が善いことをしたのを知ると褒める人だと一斎は前出の言葉に続けて、

君子は善を好む。故に毎《つね》に人の善を称す。悪を悪《にく》む。故に肯《あ》へて人の悪を称せず。小人はこれに反す。（同前、一一六）

と言うのであるが、これはとても難しいことである。人が善いことをした時褒《ほ》めるのは、つまらぬ嫉妬心に妨げられてままならぬが、それよりも人の悪いことや欠点を言わないのはもっと難しい。私たちはすぐ人の揚げ足をとり、ケチをつけたがる。心豊かに、寛大な態度を持するよう心掛けて、一斎の言うようにしなくてはいけないと思う。

そう考えると、最初の、「おじさんお金返して」は親しみの言葉と受け取る度量が必要であるのかもしれないが、学生の方も親しみの上の発言とはいえ、もう大人なのだから言っていいことと悪いことぐらいのケジメをつけて、甘えることなく自分を持することが必要であろう。

43

心を養ふは寡欲にあり、身を養ふも亦然り

日本人は豊臣秀吉が好きだ。現在もＮＨＫの大河ドラマ『秀吉』の視聴率は上々らしい。以前にも吉川英治の『太閤記』が大河ドラマとして放映され人気があった。一介の百姓が天下をとるということは庶民の夢だからであろう。しかしその秀吉も天下を手中に収めて以後の晩年を見るのは気が重い。それは秀吉のあくなき欲望が世界を領土とする野心に化して、ついに文禄・慶長の役を引き起こしてしまうからで、韓国ではこれらを壬辰・丁酉倭乱と言って、この侵略に対する恨みが、民族の恨みとして連綿と受け継がれている上に、一九一〇年に力で結んだ日韓併合条約にまで及び、それが今日の日韓関係に結び付いているからである。

人は高い地位に就くと、平素の心を失いがちであり、まして一国を治めるような地位はそうである。唐の玄宗、徳川綱吉など、若い時は国王、また将軍として善政をしいたが、

晩年は女色に溺れたり、迷信に迷ったりで、後世に悪名を残した。秀吉にもその面があるといえよう。佐藤一斎は歴史を繙《ひもと》くなかでそのような点について次のように述べる。

余、史を読むに、歴代開国の人主は間気《かんき》の英傑に非ざるはなし。その孫謀《そんぼう》を貽《のこ》すも亦多し。守成の君に至りては、初政に得て而も晩節に失ふ者有り。尤も惜しむべし。蓋《けだ》し、其の初政に得るは、固《も》とより庸器には非ず。但だ輔弼《ほひつ》の大臣に其の人を得ざれば、則ち往々其の蠱《こ》する所と為り、好に投じ欲に中《あた》りて以て一時の寵《ちょう》を固くす。是に於いて人主も亦自ら其の過ちを知らず。意満ち志懈《おこた》り、以て復た虞《おそ》るべきなしと為し、終《つい》に以て国是を謬《あやま》る。

(『言志後録』一六五)

少々わかりにくいので解釈すると、一斎が歴史書を読んだ結果次のように考えたというのである。歴史上、国を開いた国王は、みな時代を隔てた特別の気運(これを間気という)を持った英傑である。彼らは子孫のために守るべき家訓(子孫のために謀るべきいましめ)などを残して戒めている人も多い。ところで創業を過ぎて守成の時期に入って安定してくると、政権を執った当初の善政を忘れていき、晩年には失敗するようになる。これは最も残念なことである。考えてみると、政権を執る人は凡庸な人ではない。ただ補佐する大臣に立派な人を得ないと往々にしてその大臣に惑わされる。つまり国君の好みや欲望に取り入ったりつけこんだりして、一時の寵愛を独占するのである。このようになって国君も自分の犯している過ちを自覚せず、満ち足りた気持ちになり、政治に対する意欲は失われてだらけてしまい、施政に対して心配することなどないと思い、その結果、国家の方針を誤るのだと述べているのである。

このように政治においては、特に安定してきた守成の時が難しい。唐の太宗は、大臣の魏徴《ぎちょう》や房玄齢《ぼうげんれい》らと創業と守成について論じ、彼らの諫言や提言を受け入れる度量ある皇帝であったので、「貞観の治」と言われる善政をしいたことは『貞観政要』に描かれている。

ところで人間は年を取ると欲が深くなるらしい。一般的には年とともに淡泊になったり、枯れてくるなどというように、欲望は薄らぐようであるが、地位を得たり、富を築いたりというような、能力や才能ある人についてであろうか、『論語』に次のように言っている、「君子に三戒あり。少き時は血気未だ定まらず。これを戒むること色に在り。その壮なるに及んでは血気方に剛なり。これを戒むること闘に在り。その老いたるに及んでは血気既に衰ふ。これを戒むること得《とく》に在り」（季氏篇）と。この最後の「得」とは「得ること」、つ

まり欲望を指しているのである。この文句を引いて一斎は、

其の老いたるに及ぶや、これを戒むること得に在り、と。得の字、指す所何事なるかを知らざりき。余、齢已に老ゆ。因りて自心を以てこれを証するに、往年血気盛んなる時は、欲念も亦盛んなりき。今に及んで血気衰耗《すいこう》するや、欲念卻《かえ》ってやや澹泊《たんぱく》なるを覚ゆ。但だ是れ年歯を貪り、子孫を営まんとの念頭は、これを往時に比するにややや濃《こま》やかなれば、得の字、或は此の類を指し、必ずしも財を得、物を得るを指さじ。

（同前、一七六）

と述べて、自分は『論語』とは違って、往年の血気盛んな時に欲念が強かったが、老年になった現在は淡泊であるという。一斎がこの文を書いたのは、『後録』の一六六条に天保四年正月の日付があることからみると、一斎六十四歳のころの考えである。当時、人生五十年といわれる寿命であることを考えると、淡泊になっているというのも首肯《うなず》ける年齢なのである。それはともかくとして、一斎はこの文の後半に、

人、死生命有り。今、強ひて養生を覓《もと》め、引年（長生き）を蘄《もと》むるは、また命を知らざるなり。子孫の福幸も、おのずから天分あり。今、これがために故意に営度《えいたく》（謀り巡らす）するは、また天を知らざるなり。（同前）

という。一斎は、人にはそれぞれの運命、天命というものがあると考えるので、欲望によって無理をするのは天命に反することなので、そのような欲望は持つべきでない。したがって、一斎は最晩年の『言志耋録』に『孟子』の「心を養ふは寡欲より善きは莫し」（尽心下篇）を引いて「君子自ら養ふ者宜しく是くの如くすべきなり」（一五一）また「心を養ふは澹泊に在り。身を養ふも亦然り。心を養ふは寡欲に在り。身を養ふも亦然り」（三一五）というのである。

儒教においては、人の上に立つ為政者や指導的立場の人は君子でなければならない。その君子が寡欲であれば、政治や社会生活において失敗は少ないはずで、後世に恨みを残すこともなかったであろう。為政者を選ぶに際して、私たちもこのような面に心しておく必要があろう。

44

学は智・仁・勇の三字を自得するに在り

「義を見て為《せ》ざるは勇無きなり」（『論語』為政篇）という言葉を聞いた人は多いと思う。つまり人としてしなければならないこと、それは義にかなうものでもあるが、それだけでなく、もっと広く人間が正しく生きる上での、すべきことを、それをしないのが勇が無いというのである。

今日、この勇（わかりやすくいうと、勇気とも言えるが、勇気とすると少し意味が狭くなりそうだ。木村英一先生の『論語』には、勇とは目的を遂行するための実行力と解釈している）の無い人が多いように思えてならない。わかっていても手を拱《こまね》いていて行動をとらない人の多いことは、いろいろな場合を考えてみると思い出すこともあるのではないか。例えば、ゴミ箱の横に空き缶が落ちていても拾って入れない、少年がタバコを喫っていても見て見ぬ振りをして注意しない、盛り場で喧嘩していても止めないで、我関せずという具合である。そしてそれよりも、そんなことのために、そのとばっちりでも受けて怪我でもしたら馬鹿らしいと、自分の保身のために消極的になってしまっている。そういう意味で、勇無き者が多いことは我が身を省みても思い当たる節《ふし》がある。

だから本当に立派な人、つまり「仁者は必ず勇あり」（『論語』憲問篇）ということになるが、しかし「勇者は必ずしも仁あらず」と続くのである。戦後、勇という言葉ははやらない。人名にも勇の字は使われなくなったし、忠勇無双の「武勇伝」も読まれない時代となった。しかし、勇は知と仁と合わせて天下の達徳として『中庸』に説かれているように、過去においては重視されてきたのである。そういう考えを受けて佐藤一斎は、

人主の学は智・仁・勇の三字に在り。能くこれを自得せば、特に終身受用して尽きざるのみならず、而も掀天掲地《きんてんけいち》（天地をひっくりかえす程）の事業、憲を後昆《こうこん》（後世）に垂るべき者も、また断じてこれより出てず。

（『言志後録』一九八）

と言って、智・仁・勇について述べる。ここの人主というのは、何も天子や国君を指しているという必要はない。今日なら私たち誰でもと考えられる。つまり私たちの学問という

ものは、智・仁・勇の三字にあるのである。この三字を自得するならば、生涯これを受け用いても尽きないだけでなく、予想もしないような大事業を成就し、後世に手本を残すようなものは、この智・仁・勇の三徳を実行すること以外にはないと言うのである。

しかし、この勇をただ闇雲に実行すればどうなるかというと、「君子勇有りて義無ければ乱をなす。小人勇有りて義無ければ盗をなす」（『論語』陽貨篇）や「勇にして礼なければ則ち乱る」（同、泰伯篇）と言われるように、勇ましく行動するだけでは暴力にまで発展して世の中を乱すことになったり、道義心なく行うならば人のものまで盗《と》るようなことになる。つまり血気盛んな勇だけではだめで、道義的なものや社会的規範を踏まえたものがなければいけないのである。そこで一斎は、人の罪人を処断する場合でもってそのことを説いている。

一罪科を処するにも、また智・仁・勇有り。公以て愛憎を忘れ、識以て情偽をつくし、断以て軽重を決す。識は智なり。公は仁なり。断は勇なり。（同前、一八三）

これは罪を裁く場合で、その判断をする場合に、この智・仁・勇の三つが必要だという。

公平を期するために個人的な愛憎を忘れるだけの広い心を持ち、情（まごころ）と偽（いつわり）を見分けるだけの知識や見識を持ち、その結果、罪の軽重を判定して決断を下す。そこに勇（実行力・決断力）がいるのである。それで識（知識・見識）は知であり、公平は仁（人間性ある心）であり、決断には勇がいるのである。

西郷南洲は岸良真二郎の「何事も至誠を心となし候へば、仁・勇・知は、其中に之れ有るべきと存じ奉り候。平日別段に養ふべきものに御座候哉」と問うているのに対し、西郷は知と能とは天然固有のものだが、「勇は必ず養ふ処あるべし」と答えて、勇を特に養わねばならない重要なものと言うのである。したがって、知・仁・勇は私たちの努力目標である。

孔子は、仁・義・礼・知・信という五常に対して、「知者は惑はず、仁者は憂へず、勇者は懼れず」（『論語』子罕篇）と述べて、知・仁・勇という三徳をあげるが、五常と重ならない勇を特に持ち出しているところに注目したい。そしてこの決断して実行する力の裏には責任が伴っていることも忘れてはならないのであるし、それを自覚させるのが智（＝知）であり、それを行うにふさわしい人格が仁なのである。

45 王政は、只だ是れ平穏なるのみ

この原稿を書こうと机に向かっている時、第二次橋本内閣組閣のニュースが流れてきた。橋本内閣の一大眼目は行政改革だという。そして野党の新進党をはじめとする他の政党も、選挙の公約に掲げたのは行政改革であった。こう見ると目下の政治は行政改革を如何にするかにかかっているようだ。

それもそのはず、私の住む福岡県では県の職員のカラ出張が表沙汰にされ問題化している。いくら予算が少ないとはいえ、行きもしない出張旅費や水増し請求をしているとはもってのほかであるし、ましてやそれを冠婚葬祭費や飲食等に流用したというのでは、行政を改革し、綱紀の粛正が求められて当然である。

昔から「親方日の丸」という言葉があって、公費の支出に対して、それを浪費しようと節約しようと、それを使用する者にとって痛みも苦しみも感じない、ある面麻痺している所がある。このお金が税金であることを考えれば、もっと厳しく対処しないといけないのである。税金だけでなく、一般的に財貨にまで広げての発言だが、幕末に生きた佐藤一斎は次のように言っている。

財は天下公共の物なり。それ自ら私するを得べけんや。もっとも当《まさ》にこれを敬重すべし。濫費すること勿れ。これを愛重するは可なり。これを愛惜するは不可なり。

（『言志後録』二二八）

という。この「財」というのは財貨であり、それを求めることのできるお金を指すと考えてもよいし、税金をあてはめることもできよう。この文は易しいので何ら解釈する必要はないと思うが、最後の、愛重するのはいいが、愛惜、つまり出し惜しみするのはいけないという所には注意したい。無駄使いしてはいけないが、必要な所には出すことが肝要なのである。節約ばかりが能ではないのである。

ところで、私たちは何か大きなこと、人のやらないことをすることが好きなのである。それは自分の存在を他に知らせるためには、どうしても人の耳目を驚かすようなことに興味を覚えるのは、自己顕示欲の表れであろうが、そのためギネスブックに載るようなことから、大きくは万博やオリンピックのような国家的事業に至るまで、それへ邁進し、それを達成する時、充足感にひたるが、先般のオリンピックのようにあまり成果が上がらないと、すぐ次の目標に、二〇〇二年のワールドカップのサッカーを掲げて走り出すのである。日本人は狭い国に住んでいるためか、せっかちなのが国民性にあるような感じがする。それも幕末、外国に目が開かれてからのようだが、現在はそれが平常に定着していつも慌ただしく生活し、仕事をしている。だから大半の人々は忙しくしているし、私もその例にもれず忙しくしているのである。一斎は、

人、或は性、迫切にして事を担当するを好む者有り。（同前、一八九）

と言って、人の中にはいつもせっかちに仕事を引き受けてするのが好きな人がいると言い、そのような人には仕事は半分しかさせてはいけないというのである。そして、物事を処するには、

事を処するに、平心易気《いき》なれば、人自ら服し、わづかに気に動けば、便《すなわ》ち服せず。

（同前、一八七）

と言って心安らかに気を落ち着かせてすると、人々は自然とその人に心服するのであるが、ちょっとでも自分の野心や利己心に気を働かすと人は承服しないのであると。私がよく引用する明の官僚思想家呂坤も、「鹵莽《ろもう》径直（軽率で猛進）なるは、これ事を処する大病痛《へいとう》なり」（『呻吟語』応務篇）と述べているのは、彼の官僚としての実務上の経験からのものである。また宋代の名臣韓琦は「事を処するには、心あるべからず、心あるときは自然ならず、自然ならざるときは擾《みだ》る」（『宋名臣言行録』後集、巻一）と言っている。ここの「心ある」というのは利己心とか自我欲というもので、少しでも自分の私利を肥やすような、利己的なものが入り込んでくると自然でなくなり、乱れてしまうという。先に述べたカラ出張や不正流用はこれである。したがって一斎は、

凡そ事を処するには、須《すべか》らく平平穏穏なるべし。人の視聴を駭《おどろ》かすに至れば、則ち事、善なりも雖も、或は小過に傷《そこな》はれん。

（同前、一七〇）

と述べて、平穏すなわち心安らかな中に事を処することが大切で、人の視聴を驚かすようなやり方は、いくら素晴らしいことであろうと、小さな欠陥から破綻をきたすことがあると述べるのである。

中国の神話伝説上の聖天子堯《ぎょう》の政治を『十八史略』には、童謡に「識らず知らず、帝の則に順ふ」と歌い、老父は「日出でて作《な》し、日入りて息ふ。井を鑿《うが》ちて飲み、田を耕して食らふ、帝力何ぞ我に有らんや」と歌う世界である。ここに述べる理想の政治の世界というのは、皇帝の権力とか政治力とかいうものを人々は全く感じないで自然に平和に生活しているという、『老子』(第三章)の「無為を為せば則ち治まらざるなし」という世界である。

何も人為的に無理に治めなくても自然に治まっていくのが理想であるが、これはあくまでも神話伝説の世界であって、一つの理想として掲げるもの。

さて最初の、今日の日本の政治に立ち戻って、行革行革と叫ばれるのを見る時、このような人の耳目を驚かす題目を唱えることがなくなる平穏な政治が実現するのが待たれるわけで、佐藤一斎の言う次の言葉を熟味する必要があろう。

王政は、只だ是れ平穏なるのみ。平天下の平の字、味ふべし。　（同前、一七一）

王政というが、現代風に「政治」と置き換えて、本当にいい政治はなにも大きなことをする必要はなく、平穏無事にあることで、天下を平かにする「平」という字、それは平穏の「平」の字でもある。これを再認識する必要があるのではないかという一斎の言を聞く時、成程と思い、そうなるのを願うのは私だけではないでしょう。

＊「平」を願って平成の年号となって二十九年も経つ今日である。この文を書いたのは第二次橋本内閣が組閣された平成十一年七月であったことが分かる。時の流れの早さを痛感するとともに、現在の政治の在り方にどれだけ進歩があったか考えさせられる。

46

信を人に取れば財足らざること無し

またしても厚生省を舞台にした汚職が新聞を賑わしている。これまで述べてきた中にも、このようなテーマをいままでに何度か述べたが、それに見合うだけ『言志四録』にもそのことに言及している条があるということは、佐藤一斎の周囲においてもそのような不祥事があったからであろうか。それはともかくとして、全く情けない話である。

今回の厚生省におけるスキャンダルは、高級官僚の綱紀の緩みからというより、公務員が公僕であるという意識が欠如し、福祉を食い物にするという、国民をなめていることを表しているともいえる事件である。彼らも大学を卒業して、国家公務員の上級試験を受験したころは、理想に燃えて、我が国の行政を背負って立つ気概に溢れていたことだろう。それがエリート官僚として大金を自由に操る立場になるとチヤホヤされて、ついに自分の欲望に目が眩んでいったことと思う。

佐藤一斎の言葉に次のようなものがある。

今の、君の為に利を興さんと欲する者、焦心苦思せざるには非ず。然れども自利の一念を挿《はさ》みて其の間に在る有れば、則ち君の利は竟《つい》に興す能はず。（『言志後録』二二二）

ここの君とは幕府の将軍を指しているが、国民主権の現代なら、君は国や国民であり、この欲する者はさしずめ公務員であろう。そのように置き換えて読むなら、公務員は国民や国のために日夜努力している、しかしその間に、利己的な考えが入るようであれば、国や国民に利益をもたらすことはできないというので、今起きている事件にぴったりあてはまるのである。

日ごろ、私は思うのだが、お金儲けをするのは何も悪いことではない。ましてやその儲けたお金を人のため、国のためと善用するならなおさらである。ここで大切なのは儲け方に不正があってはならないのである。その点について、

財を運《めぐ》らすに道有り。人を欺かざるに在り。人を欺かざるは、自ら欺かざるに在り。

（同前、一二三）

財産の運用には正しい道に従って行うことが前提条件である。その第一は人を欺かないことで、それには先ず自分を欺かない、つまり自分の良心に忠実であることなのである。良心に反しない行動をとるということは容易ではない。私がよく引用する官僚思想家呂坤は、人を欺くことをもっとも嫌った人で、自分の号に「去偽斎」とつけている。そして偽を去ることに努めていたことを、「三十年の心力を用ふれども、一個の偽の字を除き得ず」（『呻吟語』存心篇）と告白している。呂坤はこれに続けて、「豈に必ずしも言行の間のみならんや」と述べて、陽明学の言行一致（知行合一）よりも、もっと厳しく偽について反省している。この呂坤の厳しさを官僚たる者は範としてほしいものである。

私たちも、自分の行動に対しては「自ら反りみて縮《なお》（＝直）くんば、千万人と雖も吾往かん」（『孟子』公孫丑上篇）という、自分に反省して正しかったなら千万人が反対しようと自分の信じる道を真っすぐに突き進んで行くという気概を持ちたい。そのためには「仰いでは天に愧《は》ぢず、俯《ふ》しては人に怍《は》ぢず」（同、尽心上篇）というように、良心に恥じない行動をとることが求められるのである。

ところが人間は弱いもので、他の人がいい服を着、おいしいものを食べ、素晴らしい車に乗り、豪壮な邸宅に住んでいるのを見ると、羨み、欲しくてたまらなくなる。前述の官僚もこの欲望に負けて不正の金で家を豪華に飾り立て、贅沢をしていたという。一斎はこのようなことを戒めて、次のように言う。

門面（家の構え）を装う勿《なか》れ。家當《かとう》（家産）を陳《つら》ぬる勿れ。招牌《しょうはい》（看板）を掲《かか》ぐる勿れ。他物を仮りて以て誇衒《こげん》する勿れ。書して以て自ら戒む。

（同前、一一八）

これを現代風に訳すなら、家を豪華に飾り立てたり、立派な家具を並べ、自分を偉そうに見せ、虎の威を借る狐となって威張るなというようなことで、これを書いて自分の戒めとしたというのである。他人はどうであれ、自分をしっかり持つことが大切で、要は外見できるものよりも、その人自身の人間性なのである。孔子も「道に志して悪衣悪食を恥づる者は未だ与《とも》に議するに足らず」（『論語』里仁篇）と言うのはこのことである。そして「其の身正しければ、令せずとも行はる」（同、子路篇）というのは、正しい人は信頼されているからである。それで一斎も、

信を人に取れば、則ち財足らざること無し。（同前、二二四）

と述べる。このような人であれば、最初に述べたスキャンダルなどは起こらないはずである。

47

故旧遺《わす》れざるは、是れ美徳なり人情なり

消費は美徳なりというバブル経済が破綻して、その後遺症に苦しみ、なかなか立ち直れないでいる我が国の経済だが、一度この贅沢に消費する癖に慣れた者は、本来の厳しい生き方に戻るのは難しい。そのことを表しているかのように現代人は物を大切にしないようである。落し物や忘れ物は多く、拾って届ける人は多いのに、落し主や忘れた人は取りに行かない。それで引き取り手のない品物は倉庫に溢れ、一定の期間が過ぎたものは売られたりしている。そうでもしないと置き場がないのである。

学校においても同じである。文房具から大切なはずの教科書や辞典、参考書に至るまで、それもかなり高価なものでも落し主は現れず、長い間陳列された後に処置されているようである。

さて、私たちは日頃使うペンや鉛筆などのものをどのように扱っているだろうか。昔の

人は文房具を「文房四宝」「文房四玩」「文房四友」という言葉で表し、筆・墨・紙・硯に特別な思い入れをもっていた。それで硯は端渓《たんけい》や歙県《きゅうけん》の硯がいいとか、墨は何処のがいいといって大切に扱っていた。佐藤一斎も次のように言っている。

余が左右に聘用する几硯《きけん》の諸具は、率《おおむ》ね皆五十年前に得る所たり。物旧《ふる》ければ、則ち屏棄《へいき》するに忍びず。因りて念ふ、晏子の一狐裘《こきゅう》三十年も、亦恐らくは必ずしも倹嗇《けんしょく》に在らざるを。

（『言志後録』二三八）

つまり一斎が日頃用いている机や硯は、だいたい皆五十年前に手にいれたもので、そのときから使っているものである。このように物というものは、古くなると愛着がわいて捨て去るに忍びない。そのことから思い出すのは、昔、斉《せい》の国の宰相であった晏嬰《あんえい》は一着の狐裘（狐の毛皮で作った上着）を三十年ものあいだ使ったと『礼記』（檀弓下）にあるが、決してケチであったわけではないだろうというのである。『史記』（管晏列伝）によると晏嬰は「節倹力行を以て斉に重んじられて宰相になったが、食事には肉を二品並べさせなかったし、妾には絹の着物を着せなかった」とある。

ケチと節約とは違うのである。ところがこの両者は似ているので間違えやすい。ケチとは必要なものにも出し惜しみをすることであり、節約とは、不必要なつまりムダを省いて切り詰めることである。そこで現代の学生を見ると、講義やゼミに必要な教科書や参考書、研究書は買わないで、コピーですませ、遊びにはやたらお金を使う者が多い。自分の好きなミュージシャンが来るとオッカケと称して距離の遠さなんて問題にせず、授業など何のそのとついてまわる者までいるという。これはケチでまったく情けない思いがする。

話を元に戻して、一斎が硯や机を五十年も使っているという生活態度は、ただ単純に物を大切にしているというだけではない。そこには物に対する愛着があり、また執着心があるのであり、そしてそれに価するだけの物でもあるのだろう。したがって、一斎の持っていた物は、よく使い込まれ、手や体に馴染んだものだったに違いない。私たちにも、手垢で汚れた辞典など思い浮かぶそれである。

さて、一斎は人や植物についても言及している。その言葉に、

聖賢は故旧遺《こきゅうわす》れず。是れ美徳なり。すなわち人情なり。余が家の小園、他の雑卉《き》無し。唯だ石榴《せきりゅう》（ざくろ）・紫薇《しび》（さるすべり）・木犀《もくせい》の三樹有るのみ。然るに此の樹、植え

て四十年の外に在り。朝昏に相対し、主人と偕《とも》に老ゆ。夏秋の間は花頗《すこぶ》る観るべく、以て心目を娯《たの》しましむるに足る。是れ老友なり。余が性は草木に於て嗜好較《やや》澹なり。然るに此の三樹は眷愛《けんあい》すること特に厚し。（同前、二三七）

と述べて、自宅に植えてある三本の樹木も四十年以上もの間、朝夕眺めて暮らし、自分とともに年をとってきた。とくに夏から秋にかけては花が咲き、また実がなったりして私の心や目を楽しませたと言い、この三樹への愛着を、老友に譬えている。そのように人と人との交際についても一斎は前掲の文に続けて、

凡そ、交はりの旧《ふる》き者は畢竟《ひっきょう》忘るる能はず。是れ人情なり。故旧遺《わす》れずとは、情此れと一般なり。（同前）

と述べ、古くから交際を深くしている人はどんなことがあろうと忘れることはできない。それは『論語』（泰伯篇）の「故旧遺れず」と同じ心であり、これこそ本当の意味での人情である。この交際においてもっとも大切なものは何かというと、それは「愛」と「敬」で

あるとして、

愛・敬の二字は交際の要道為《た》り。傲視《ごうし》して以て物を凌《しの》ぐ勿れ。（『言志晩録』一九八）

と言っている。昔からの友を忘れないのは、そこに愛があるからであり、物を大切にするのも、そこに愛のこころがあるからだと考えられる。人と物との差は敬の有無によって分けられているようだ。友人と心から敬意をもって交わるとき、その人を知る極みは愛にあることに気付くに至り、哲学者・西田幾多郎が「愛は実在の本体を捕捉する力である。物の最も深き知識である……我々は唯愛に由りてのみ『深き知』に達することができる。愛は知の極点である」（『善の研究』…知と愛）と述べているのを思い出した。

48 酬酢紛紜《しゅうさくふんうん》の中にも提醒《ていせい》の工夫を忘るべからず

毎度、新聞紙上を賑わしている話題をとり上げては、それに合わせて『言志四録』の文を読むのもいささかウンザリなので、今回は佐藤一斎の日常の在り方を読んで考えてみたい。目下読んでいる『後録』の二〇〇条あたりを書いている頃は、二四一条に「今年に至りて、犬馬の歯六十有六なり」とあるように、一斎六十六歳（数え年）の頃である。現代だと八十歳ぐらいでしょうか。

一斎の一日は次のように述べられている。

毎旦鶏鳴きて起き、澄心黙坐すること一晌《しょう》。自ら夜気の存否如何を察し、然る後、蓐《しとね》を出でて盥嗽《かんそう》し、経書を読み、日出でて事を視る。毎夜昏刻《こんこく》より人定《じんてい》（午後八時）に至りて内外の事を了し、間有れば、則ち古人の語録を読み、人定の後に亦澄心黙坐す

ること一晌、自ら日間に行ふ所の当否如何を省み、然る後寝に就く。

（『言志後録』二四五）

鶏が時を告げる朝早くに起き、それから暫くの間澄心黙坐すなわち黙って坐って心を清らかに澄ませる。そうするなかで『孟子』に述べているあの夜明けの清明な気というものがどのように存在しているかを洞察して、そうした後で寝所を出て、口を漱ぎ洗顔する。それから経書を読み、日が昇ってから日常の決まった仕事に精を出す。毎晩、夕方から午後の八時頃には内外の仕事を終え、暇が有るときには昔の人の語録を読んだりし、夜おそくまた暫くの間、澄心黙坐をして昼間行ったことの当否を反省してから床に就くのだという。

これと同じような文が、一斎六十二歳の頃の文（『後録』一八四）にもある。そこに描かれているのは一斎の一つの理想の家の姿で、鶏が鳴く頃には起き出し、夜の八時ごろにはゆっくりと休む、家の中は粛然としていて、勉強している子供の朗読の声が部屋に響きわたり、家庭内は円満で、それが使用人にまで及んでいる。そして酒の気配はないが、というのは一斎は若いころ酒で失敗したらしく、酒についてはとても厳しいところがあることは以前述べたが、それはさておき蔵には十分な蓄えが有る。倹約はするが吝嗇（ケチ）ではなく、天地に恥じない行動をとり、清廉潔白を身上としている家である。そしてそこには分に応じた満足感があるという。

さて、初めの文に戻って、この文で注目される点は、一日の行動について、その日の夜寝る前に反省することであり、そのため澄心黙坐することを日課としていることである。そんなことぐらい簡単だと言う人に対して一斎は、この文の後に、結論づけて次のように述べる。

余、近年此れを守って以て常度《じょうど》（日頃、守る規則）**と為さんと欲す。然れども、此の事易きに似て難く、常々是くの如くなること能はず。**（同前）

自分に厳しい一斎の体験上からの言葉であることを思うとき、この言葉は重く響くはず。私たちは、人の悪口を言うのは好きだし、正義を振りかざして他人に対しては厳しく批判したり、責め立てるが、自分に対しては甘い。だから范純仁（「先憂後楽」で有名な名臣范仲淹の次子）は「人を責むるの心を以て己を責め、己を恕するの心を以て人を恕す」（『小学』嘉言篇）と述べて、自分に対して厳しくすることを求めている。『論語』にも「吾、日に三たび吾が身を省みる。人の為に謀りて忠ならざるか、朋友と交はりて信ならざるか、習はざるを伝へしか」（学而篇）と言い、「賢を見ては斉しからんことを思ひ、不賢を見ては内に自ら省みる」（里仁篇）とあるように、反省と向上が求められており、一斎も次のように言う。

酬酢紛紜《しゅうさくふんうん》の中にも、提醒《ていせい》の工夫を忘るべからず。

（同前、二四六）

今日風に言えば、ごたごたしてもめごとの多い人間関係の中でも、自分の精神を呼び覚まさせ、自分の主体性をしっかり持つことを忘れるなというのでしょうか。私たちはいつも忙しく、ともすると自分を忘れがちで、『孟子』にはそれを「放心を求める」と言う言葉で表して戒めています。そこには、「人鶏犬の放るること有れば、則ちこれを求むることを知るも、放心有りて求むることを知らず」と述べて、鶏や犬が逃げれば捜し回るが、自分の心が失われても探さないと言う。全く今の私のことでもあり、そして同じような人は多いと思いつつ、この一斎の文を読み、書きながら、素直に一斎の言葉に耳を傾けているのです。

次回は『後録』の付録の「入学説」に触れたいと思っています。

とだと説いたもので、『言志後録』の最後に付けて刊行した。その言は、

吾人、学を為《な》すには、当《まさ》に先づ自ら其の入学の初心如何を問ふべきなり。其の心、必ず学んで君子為《た》らんと欲するか、しからざるか。此に於て趣向《しゅこう》一たび錯《あやま》たば、日に此の学に従事すと雖も、而れども終身得ること無し。（「入学説」）

という言葉で始まっている。ここで一斎が強調するのは、学問をする時、最初の心の持ち方が大切で、それは君子になろうという心があるかどうかなのだと。それがなければ、どんなに聖学に従事していても、人間として君子になろうという努力をしなければ、学問の根本は立たないということを、

蓋《けだ》し其の心果たして君子為らんと欲するに在りて、而も志願緊切にして、絶えて他念無くんば、則ち学を為すの本立つ。斯《ここ》に以て学に入るべし。（同前）

というのである。儒学において、学問の目的は、聖人つまり理想的人格になることで、

『論語』にいう「古の学者は己の為にし（自分の修養・人格の陶治のためにし）、今の学者は人の為にす（人に知られたり、評価されるためにする）」（憲問篇）という考えを踏まえたもので、自分の人格の向上に対して、その気持ちが厳しく切実である。その上全く他の誘惑に迷うような邪念がないところに、初めて学問をする根底ができ、そうしてから学問に入れると考えているのである。この点、西洋の学問が、客観的に対象物を論理的合理的に究めていこうとしているのと大いに異なるところである。

「入学説」にはこのあとに、父兄・友人などに疑問点を問い諮《はか》り、教えを受けた人に対して敬意と信頼の心でもって従うならば、誤った行いや失敗も少ないであろうと言い、さらに難しい問題へと進むときには、良い師を求めて学ばねばならないとともに、自らも『中庸』に「人一たびせば、己百たびする」というような努力をして、繰り返し熟慮しなければならないと説いている。またそれに続けて、

これを躬に験して心に省み、事に習ひて物に察すれば、聡明日に開け、義理日に晰《あきら》かにして、動静語黙、将に是に於てか其の度《ど》に中《あた》らんとし、処事接物、将に是に於てかその宜しきに適《かな》はんとす。

（同前）

と述べるのであるが、ここで重要なことは、身をもって体験し、事物に対して反省し、深く察するということで、それを通して聡明さは増し、総てのことが明らかになるという点である。そしてそれが物事の節度に当たってうまくいくと考える所であろう。

一斎の考えをまとめて言うと、学問は、学問のための学問ではなく、人間を中心としたもので、その人が理想に向かって志を立てる所にあるというのである。このことは、現代の学問が、科学として存在する時、ややもすれば人間不在の学問になりがちであることを思い、一斎の言葉を味読し再考する必要があると思うのである。

50 万物一体の仁

科学の発達は人々の生活のあらゆる面において、物質的な豊かさや利便性を与えてきた。その結果、人々の生活は快適となり、よりよい生活へのあくなき欲望をかき立てているだけでなく、その中に溺れて反省することを忘れさせている。そのため公害や自然破壊というツケとなって、人々の生活を侵し始めた。

先日、ラジオを聴いていたとき、アホウドリ（信天翁）を絶滅から救うため、身を挺して保護のために戦っている大学の先生の話があった。いまでは環境庁も協力していて、アホウドリは数千羽にまで繁殖したという。しかし手遅れになって、この地上から消えて行ったものも多いことだろう。このようなことを思うとき、すぐ思いだすのは朱鷺である。

アホウドリに話を戻そう。二十世紀初頭にアホウドリは、伊豆諸島などに数千万羽もいたという。ところが、保温のよい羽根布団をつくるといった羽毛採取のために、この五十年間に一千万羽もが殺され、ついに、三十羽にまで減ったという。それで先に述べた話になるわけである。アホウドリは羽を広げると二メートルにもなるという大きな鳥だが、飛び立つには助走が必要で、ちょうどジャンボジェット機が長い滑走路を必要とするようなものだ。急に飛び立って逃げることができないため、すぐに人間に捕まってしまったのである。このような不器用な姿を、フランスの詩人ボードレールが歌い、上田敏が「信天翁」と題して訳している。

波路遥けき徒然《つれづれ》の慰草と船人は、
八重の潮路の海鳥の沖の太夫を生擒《いけど》りぬ

このように捕まえられたアホウドリ（信天翁）は、可哀想に笑い者にされて、次のように歌われる。

たゞ甲板に据ゑぬれば　げにや笑止の極なる。
この青雲の帝王も、足取りふらゝ、拙《つたな》くも、

疋田　啓佑（ひきた・けいゆう）

福岡女子大学名誉教授。

昭和12年、中国東北部（旧満州）生れ。昭和35年、九州大学文学部国文科卒。昭和40年、九州大学大学院中国研究科修了。都城工業高等専門学校教授、二松学舎大学文学部教授、福岡女子大学文学部教授を歴任、定年退職。久留米大学他、非常勤講師。九州退渓学研究会会長を歴任。

〔主著〕『呻吟語』（中国古典新書、明徳出版社）、『池田草庵』『服部南郭』（叢書・日本の思想家、明徳出版社）『貞観政要を読む』（明徳出版社）『儒者』（致知出版社）他。


ISBN978-4-89619-852-2

言志四録に学ぶ　上

平成二十九年十二月　一　日　初版印刷
平成二十九年十二月　七　日　初版発行

著　者　疋　田　啓　佑
発行者　小　林　眞　智　子
印刷所　㈱　興　学　社
発行所　㈱　明　徳　出　版　社

〒162-0801　東京都新宿区山吹町三五三
（本社・東京都杉並区南荻窪　一―二五―三）
電話　〇三―三二六六―〇四〇一
振替　〇〇一九〇―七―五八六三四

疋田啓佑の著書

（価格は本体価格）

貞観政要を読む

B六判上製三〇二頁　二八〇〇円

政治の要諦は、民を安んずることにある。唐の名君太宗は、そのために人材を登用し、臣下の諫言を納れ、善政に尽力した。本書は、太宗の言行を記した貞観政要を多くの例話によって解説する。

中国古典新書

呻　吟　語《新装版》

B六判並製二四二頁　二五〇〇円

明の呂坤の著。呻吟とは苦悩のうめきを言い、三十年にわたる精神的苦闘と思索の跡を記録。自己修養のために書かれた呻吟語は、かつて好評を得た公田先生の訳注があるが、本書は新編集の精選版。

日本の思想家　17

太宰春台・服部南郭

四六判上製二八八頁　二八一六円

春台（一六八〇―一七四七）信濃の人。博学多識、特に経学に秀で徂徠学の経世済民の論を大いに発展させた。南郭（一六八三―一七五九）春台と共に徂徠門の双璧と謳われ、詩文和歌に長じ、その名声は一世に風靡した。

日本の思想家　44

春日潜庵・池田草庵

四六判上製三六〇頁　三二〇〇円

潜庵（一八一一―七八）朱子学陽明学を学ぶ。後に儒者や勤皇家と交遊し、開塾して子弟の教育に専念。草庵（一八一三―七八）京都にて相馬九方に学び、朱子学陽明学を修める。青渓書院を起し、子弟の教育に当る。